KB148814

감感노트

——————— 에게

"지금부터 널 마구 사랑해줄 거야!"

감感노트 _ 나의 잃어버린 감정과 감각을 찾아서
언니들의 마음공부 부모 편 워크북

1판 1쇄 인쇄 2022년 12월 1일
1판 1쇄 발행 2022년 12월 23일

지은이   오소희

발행처   언니공동체
발행인   오소희
디자인   조은영

제작   DCT 프린팅
주소   서울시 종로구 창의문로9길 7-4
등록   2020년 7월 8일 (제 2020-000083)
전화   070 7789 0975
전자우편   endofpacific@naver.com
ISBN 979-11-980794-0-4 10040

일러두기
이 노트에 인용된 글 중 일부는 〈나를 찾는 글쓰기 모임〉에 참가한 동시대 여성들의
작품입니다. 진실한 내면의 목소리를 들려준 참가자들께 깊은 감사를 전합니다.
사례속 이름과 기타 개인 정보는 신원을 특정할 수 없도록 재가공하였습니다.

나의 잃어버린 감정과 감각을 찾아서

감 感 노 트

언니들의 마음공부
부모 편 워크북

오소희 지음

언니
공동체

목 차

감 感 노 트

들어가며

1.

감感노트는 《언니들의 마음공부_부모 편(수오서재)》의
워크북입니다.

감노트를 집필한 목적은 단 한 가지입니다.

책을 읽으신 독자 가운데

다음과 같이 생각하신 분들을 돕기 위해서예요.

'나도 책 속 주인공처럼 부모님과의 관계를 개선하고 싶다!'

'그런데 막상 무슨 글부터 어떻게 써야 하지?'

'누군가의 가이드 없이 저런 글을 쓸 수 있겠나?'

'글을 써본 적은 없지만, 유년의 상처를 치유할 수 있다면
도전하겠다.'

책 속 주인공들이 부모님과의 관계를 훌륭하게

개선해내기까지에는

여러 단계의 글쓰기 훈련이 있었습니다.

저는 독자도 이것을 체험할 수 있기를 바랍니다.

바로 이 감노트를 통해서.

책을 읽고 마는 것과

직접 글을 쓰는 것에는 엄청난 차이가 있어요.

읽을 때, 나는 타인의 이야기를 통해 나를 들여다보는 사람이지만

쓸 때, 나는 나의 이야기를 통해 나를 들여다보는 사람입니다.

훨씬 직접적이고 강력한 '대면'이죠.

치유의 첫걸음이 '대면'인 것은

《언니들의 마음공부_부모 편》을 통해 익히 알고 계실 겁니다.

그러므로 만약 당신이 책을 읽는 동안 조금이라도

'나도 써보고 싶다'는 마음이 들었다면

대면을 향한 그 첫 마음을 소중히 받들 수 있도록

감노트가 도와드리겠습니다.

지금부터, 단계별로.

2.

당신은 오래된 상처에서 벗어날 수 있어요.

자신의 감感정과 감感각을 잘 돌보는 것만으로

삶을 주도적으로 꾸릴 수 있지요.

이미 당신에겐 그럴 능력과 권리가 있습니다.

그것을 발견해서 사용하기만 하면 돼요.

감感노트는

당신이 그것을 성공적으로 해내도록 설계되어 있습니다.

어린 시절부터 현재에 이르기까지

감정과 감각을 깊숙이 들여다보고

하나씩 꺼내 글로 펼쳐 표현함으로써

실제로 벌어졌던 일을 객관화할 수 있도록 리딩합니다.

그 과정에서 당신은 원가정에서 받은 상처로부터 자유로워지고

부모님(또는 형제자매)과 편안한 관계를

새롭게 맺을 수 있습니다.

다만,

'스스로' 하셔야 합니다.

'꾸준히' 하셔야 합니다.

지금부터 당신은 홀로 여행을 떠나는 배낭여행자와 같습니다.

패키지여행은 여행사가 모든 수속을 대행해주고

떠난 뒤에도 가이드가 현장을 관리해주죠.

배낭여행은 전 과정을 여행자 혼자 감당합니다.

이 노트는 바로 그 배낭여행자 손에 쥐어진 가이드북입니다.

아직 미완입니다. 당신이 채울 빈칸이 많죠.

매일 일어나 자신의 여정을 기록하는 여행자만이

이 여행을 성공적으로 마칠 수 있습니다.

그리고 그 순간, 자력으로 완성한 가이드북 하나를

손에 쥐게 되죠.

이 여행이 끝난 뒤에도

생의 나침반이 되어줄 가이드북을.

당신이 끝까지 완성해내기를 응원하겠습니다.

3.

노트는 크게 세 단계로 당신을 안내할 예정입니다.

STEP I. 내면여행을 떠나기 전 준비

STEP II. 길 위에서 맞이하는 도전

STEP III. 최종 목적지에서 확인하는 아름다움

그럼 시작해보죠.

STEP 1.

감感노트

내면여행을
떠나기 전 준비

1. 한 줄만 써봅니다

당신의 현재 상태를 글로 적어봅니다.

단 한 줄이면 돼요.

이름하여, **한 줄 프로필**

"나는 7살 딸을 가진 엄마다."

이런 건 안 돼요.

해당하는 사람이 너무 많으니

당신의 고유함을 드러내주지 못하죠.

"나는 OO제약회사 부장이다."

이것도 당신의 고유함을 드러내진 못합니다.

그 자리는 당신이 아니어도 금방 채워지니까요.

소위 이력서에 사용하는 단어는 버립니다.

당신이 어떤 일을 하든, 사회적 지위가 무엇이든,

여기선 중요하지 않아요.

지금 당신은 어떤 식으로 존재하나요?

즉, 생에서 무엇을 마주하고 있으며

그것에 대해 어떤 자세를 취하고 있나요?

한 줄 프로필을 쓰는 것은 캐리커처를 그리는 것과 비슷합니다.

큼직한 특징에 주목하면서 간략하게 윤곽을 잡는 것이죠.

예를 들어볼게요.

"나는 누군가 업어주길 기대하며 걸어가는 사람이다."

"나는 문 열린 방에 앉아 이곳에 갇혀 있다며 우는 바보다."

"나는 아이가 먹다 남긴 밥이다."

한 줄뿐이지만, 오히려 한 줄이기 때문에 지금 각자

어떤 상태로 생을 대하고 있는지 군더더기 없이 알 수 있어요.

바쁜 일상에 휩쓸려 다니는 나를 붙잡아 앉힙니다.

가만가만 들여다보세요.

나의 현재 상태를 정의 내립니다.

당신만의 한 줄 프로필을 써보세요.

나는 _____ 이다.

지금 당신의 상태에 가장 정직하게 근접했다고

느껴질 때까지 고쳐 써보세요.

그리고 왜 그렇게 썼는지 이유를 설명해보세요.

_____

_____

_____

_____

_____

_____

_____

_____

_____

_____

당신의 한 줄 프로필을 소리 내어 읽어보세요.

이것이 지금 당신이 존재하는 방식입니다.

앞으로 여기 써나갈 글들의 구체적인 시작점이기도 하죠.

이 내면여행을 하다가 얼마만큼 나아갔는지

궁금해질 때마다 당신은 이 프로필을 뒤돌아볼 것입니다.

◆ 수아의 노트 ◆

수아의 한 줄 프로필

나는 지갑에서 한 번도 꺼내보지 못한 운전면허증이다.

수아의 설명

분명히 나에게도 운전할 자격이 있고 능력이 있는데 그걸 자신 있게 꺼내 사용하지 못하는 중이다.

나는 내가 편하고 좋아하는 것보다 가족의 선택을 우선시하는 게 자연스러웠고 마음이 편했다. 내 마음의 소리는 늘 뒷전이었고 남편과 아이들의 인생에 보조바퀴 역할을 자처했다. 이런 삶의 패턴이 무언가 잘못되었다는 것은 최근에서야 깨달았다. 아이들이 어린이집을 간 후 나는 종종 잉여인간이 된 기분이 들었다. 이 집에서 내가 존재하는 이유를 어떻게든 증명하고 싶어 매일 구색을 맞추고 그것에 지쳐갈 무렵 글쓰기 모임을 시작했다.

내 몸은 무엇을 느끼고 있는가?

내가 욕망하는 것은 무엇인가?

나는 어떤 삶을 살고 싶은가?

모임에서 질문이 차례대로 밀려오는데 처음에는 아무것도 제대로 대답하지 못하고 머릿속이 멍해졌다.

내가 느끼는 것,

내가 욕망하는 것,

내가 살고 싶은 삶이라는 것.

이런 것 생각 안 하고도 지금까지 그럭저럭 살아왔잖아. 그래, 나로 말할 것 같으면 결혼한 후에도 남편의 학업을 뒷바라지하고 취업준비를 도운 아내야. 온갖 육아 책을 섭렵하며 좋은 부모가 되기 위해 공부하고 또 공부했던 엄마이기도 해. 그런데 '나'를 찾는 과정에서의 첫 번째 미션은 내 주변의 것들이 아니었다. 내 몸이 느끼는 것, 내가 욕망하는 것, 내가 원하는 삶이 주제였고, 그 안에 주인공은 바로 '나' 자신이었다.

2. 두 줄만 써봅니다_ 묘사

그럼 본격적으로 노트 쓰기를 시작해볼까요?

나의 감정과 감각 느끼기.

'묘사'를 통해!

쉬운 걸로 시작합시다. '내가 좋아하는 것'으로.

다음과 같이 써보기로 해요.

나는 ○○○을 좋아한다. 왜냐하면 ○○○○하니까.

좋아하는 것에 대해서라면 초등학교 1학년도 쓸 수 있지요.

하지만,

나는 꽃을 좋아한다. 왜냐하면 향기로우니까.

초등학생이라면 이렇게 단순하게 묘사할 거예요. 이건 좀 곤란합니다. 한 줄 프로필에서 '나는 7살 딸을 가진 엄마다'가 안 되었던 것과 같은 이유입니다. 꽃이 향기롭다는 건 '나'만의 감각이 아니라 많은 이들의 집단적 감각이죠.

오감을 활짝 열고, 당신이 꽃을 좋아하는 좀 더 고유한 이유를 찾아 묘사해보세요. 어렵게 느껴진다 해도 괜찮아요. 당신만 그런 게 아니라, 한국인들 대부분이 묘사를 어려워하거든요. 성장 과정에서 느낌을 존중받지 못했기 때문입니다.

예를 들어 당신이 어릴 때 "배불러요" 하면 부모님이 아무렇지도 않게 "다 먹어라" 했어요. 정반대로 "더 먹고 싶어요" 할 때 "그만 좀 먹어. 몸이 그게 뭐냐?"가 뒤따라오기도 했죠. 중요한 사안이라고 생각해 목소리를 내면 "말대답하지 마!"라고 했습니다. 학교에서도 크게 다르지 않았어요. 입시교육은 언제나 느낄 것을 정해주었죠. 시를 감상할 때조차 정해진 심상을 암기해야 했어요. 당신의 개별적인 감정과 감각은 별로 존중받은 기억이 없어요. 고도성장기의 대한민국은 감정과 감각을 억압하여 집단의 생산성을 높이는 것을 미덕으로 여겼으니까요.

당신은 그렇게 서서히 닫혔습니다. 누군가 "꽃이 왜 좋니?" 하면 "음… 음… 향기로우니까…"가 되어버렸지요.

어린아이가 뭔가 짜증스럽고 힘들 때 부모가 "네가 피곤하구나!"라고 아이의 감정과 감각을 인정해주고 그 상태에 맞는 이

름을 알려주면, 아이는 '아, 이런 게 피곤한 거구나!' 정확한 어휘를 습득해요. 다음에 비슷한 상태가 되면 "내가 피곤해서 그런 거야." 자각하고 타인에게도 효과적으로 전달할 수 있죠. 그러나 제때 제대로 된 어휘로 자신의 상태를 인정받지 못한 아이는 꼭 맞는 어휘를 찾아 여러 사람과 사건을 전전하게 됩니다. '나'를 알게 될 때까지. 배워서 편안하게 해줄 수 있을 때까지.

지금이라도 당신에게 묘사를 하는 훈련이 꼭 필요해요.
세밀한 감정과 감각의 어휘들을 찾아서 묘사하고,
그로써 당신의 느낌을 알아차릴 거예요.
알아차린 것을 존중하고 그에 걸맞은 대응을 해줄 거예요.

자, 당신이 좋아하는 것을 향해 몸과 마음을 확 열어젖혀요. 눈으로 들어오는 모든 것을 빠짐없이 더듬어보세요. 코로 들어오는 냄새를 헤아려보세요. 소리, 감촉, 지금 당신 입속의 맛, 혀의 돌기도 하나하나. 그때 마음에 어떤 동요가 일어나는지도 같이 살펴보세요. 무엇을 느끼든 자유입니다. 추한 것도, 못된 것도, 끔찍한 것도, 여기선 다 괜찮아요.

예를 들어볼게요.

나는 과일을 칼로 써는 것을 좋아한다. 왜냐하면 썰 때 속이 시원해지기 때문이다.

저는 이 문장을 쓴 현정이에게 요청했어요.
더 정확해질 때까지
더 구체적으로 쓸 것.

집단적인 느낌에서 벗어나 개별적인 느낌을 되찾으려면 언제나 '더' 들여다봐야 합니다.

나는 단단한 과일을 도마에 올려놓고 칼로 써는 것을 좋아한다. 칼날이 과일의 몸을 가르고 통과해 도마에 닿을 때 나는 탁! 소리, 그 순간 과일 조각이 떨어져 나뒹구는 모습이 내 가슴 속 스트레스를 날려버리기 때문이다.

훨씬 낫죠? 현정이가 자신에게 청진기를 갖다 대고 세심히 경청했어요.

당신 차례입니다. 자신 있게 쓰세요. 당신이 느끼는 것의 진짜 주인이 되어보는 거예요.

당신이 좋아하는 것과 그 이유를 두 문장으로 써보세요.

나는 _____(을/를) 좋아한다.

왜냐하면 _____

_____ 때문이다.

◆ 진영이의 노트 ◆

글쓰기 모임에서 '묘사'를 배운 뒤 바로 욕실로 가서 손을 씻
었다. 비누거품이 손가락 사이와 손톱 속으로 흘러드는 느낌
까지 집중해보려 노력했다. 내 감각에 집중하기 위해 다른
아무것도 신경 쓰지 않는 순간이라니, 정말 오랜만이었다.
거품을 계속 문지르며 이것이 내 일상에 어떤 영향을 끼치
게 될지 예감해보았다. 나의 감각을 잘 느끼게 되면 나의 감정
도 더 잘 느낄 수 있을 것 같다. 나아가 타인의 감정까지도. 오
감을 연다는 것은 '우리'를 좀 더 잘 인식하도록 도와줄 것이
분명하다.

3. 한 단락을 써봅니다_묘사

감정과 감각을 정확히 표현하는 것은
'나'를 찾는 것의 시작입니다.
오랫동안 모른 척했던 나,
무관심했던 나를 다시 정성스럽게 돌보기.

한 줄을 썼고, 두 줄을 썼다면,
한 단락을 쓰는 것도 어렵지 않습니다.
쓰는 만큼 당신은 자신을 알아갈 거예요.

사실 많은 사람들이 글을 쓸 때
감정과 감각을 빠뜨리고 정보만 전달하곤 합니다.
'설명'이죠.

학교가 끝났다. 나는 곧장 집으로 뛰어가 아빠를 확인했다. 아빠는
매일 집에서 술을 마시고 잤다.

글에 감정과 감각이 빠지면 '나'도 사라집니다.

같은 글에 감정과 감각을 넣는다면 이렇게 '나'가 살아나요.

교실 문을 나서자마자 뛰기 시작했다. 발이 땅에 닿을 때마다 가방 끈이 두 어깨를 엇박자로 잡아당겼다. 개의치 않았다. 현관문을 열자, 언제나처럼 어둑한 실내에 담배 연기가 떠다닌다. 화장실에서 지린내와 토사물 냄새가 흘러나오고 있다. 아빠는 소주병들 너머로 두려운 흰 등짝만 내보인 채 꿈쩍도 하지 않았다.

그날 '나'의 경험이 생생하게 살아났지요?
묘사입니다.

설명과 묘사의 차이를 이해하셨나요?

이미 설명에 익숙해진 당신이 사라진 감정과 감각을
다시 불러올 수 있을까요?
네, 훈련으로 가능합니다.
이 훈련에는 세 가지가 필요합니다.

하나, 매일 5분 이상 나에게 집중하는 순간을 만들기.

(산책, 티타임, 잠시 창밖 바라보기 등)

둘, 그 순간 느낀 감정과 감각을 반드시 글로 남기기.

셋, 더 정확하게, 더 구체적으로 파고들어 고쳐 쓰기.

나에게 집중하는 게 어렵다고요?

그럼 한 번 따라 해보세요. 5분이면 됩니다.

의자에 앉습니다.

스마트폰은 잠시 가방이나 서랍에 넣어두세요.

눈을 감으세요.

어깨를 한번 펴보세요. 가슴도 내밀어보세요.

정수리 위쪽도 느낌을 가져봐요.

머릿속이 분주한가요?

멈추세요.

생각을 내려놓고 느끼는 시간입니다.

턱은 힘없이 툭 떨어뜨리세요.

입이 약간 벌어지도록, 바보처럼.

침이 좀 흘러도 돼요. 긴장을 푸는 겁니다.

의자에 닿은 엉덩이와 허벅지를 느껴보세요.

발가락을 꼼지락거려 보세요.

당신의 몸이 바로 여기, 살아 있어요.

가슴이 뛰나요?

피로한가요?

불안한가요?

지금 당신이 느끼는 것은

이 세상에서 단 하나의 존재,

당신만 알 수 있죠.

그러니 당신이 쓴 글은 무조건 옳아요.

자신을 믿으세요.

이제, 눈을 떠도 좋습니다.

글을 써봅시다.

한 번 더, 좋아하는 것을 떠올려보세요.

이번엔 한 단락 쓰기입니다. 최대한 묘사를 사용해서 씁니다.

예를 들어볼게요. 영신이는 '도서관'을 좋아해요.

나는 사람이 적은 도서관에 앉아 책 읽는 것을 좋아한다. 왜냐하면 사람들과 함께 있지만 적당한 거리감을 유지할 수 있기 때문이다. 군중 속에 있어 외롭지 않되 공간의 독립성을 방해받고 싶지 않은 내게 안성맞춤인 장소다. 그곳에서 좋아하는 책을 어떤 특별한 목적 없이 읽는 시간이 나는 정말 행복하다.

저는 영신이가 도서관에서 느낀 것들을 좀 더 세심하게 펼칠 수 있도록 도왔어요.

"도서관은 그저 조용한 것 같지만, 귀를 잘 기울여보면 다양한 소리가 있어. 책장을 넘기는 소리, 속삭이는 소리…. 그렇다고 소리만 존재하진 않았을 거야. 청각 외 다른 감각도 두루 포함시켜봐. 의자에 오래 앉아 있을 때의 엉덩이 감각이라든지, 책장에서 눈을 들어 바라본 창문 밖 풍경이라든지, 그때 네 마음의 움직임이라든지. 도서관이 놀이동산보다 쓸 거리가 적다고 생각한다면 편견이야. 화장실도, 창고도, 마음을 열면 다양한 것들을 포착할 수 있어."

영신이는 아주 훌륭하게 완성해 왔어요.

사람들이 드문드문 앉아 있는 오전 11시쯤의 자율학습실엔 고요함을 해치지 않는 소음들이 공존한다. 공기청정기 팬 돌아가는 소리, 사각사각 종이에 써 내려가는 흑심 닳는 소리, 책장 넘기는 소리, 째깍째깍 시계 초침 소리. 고요하지만 무언가 존재한다는 것을 알려주는 이 소음들이 마치 백색소음을 들을 때와 같은 편안함을 준다. 엉덩이를 받치는 의자 쿠션은 기분 좋은 탄력감이 느껴질 정도로 폭신하고, 허리를 세워주는 등받이는 적당히 단단하다. 문득 고개를 들어 창밖을 바라보면 다양한 채도의 초록 잎들이 햇살에 반짝이며 손짓한다. 순간 불어오는 바람에 어깨동무하듯 군무를 선보이면, 싱그러운 풀냄새가 창문 틈새로 안개처럼 스며든다. 스읍, 깊은 숨을 길게 들이마신다. 몇 차례 심호흡을 한 후 읽고 있던 책으로 다시 눈길을 돌린다. 스멀스멀 올라오는 머릿속 사념을 떨쳐버리고 그저 읽는다. 읽는다. 읽는다.

당신이 좋아하는 것을 온몸과 마음을 동원해 느껴보세요.

세밀하게, 더 세밀하게. 파고들면 들수록 더

풍성한 느낌이 솟아날 거예요. 한 단락으로 써보세요.

4. 1일 1묘사를 써봅니다

지금부터 2주 동안 매일 같은 방식으로 한 단락씩 써봅니다.

1일 1묘사의 소재는 자유롭습니다.

당신을 느끼게 한 것이면 무엇이라도 좋아요.

중요한 것은 당신이 몸의 감각을,

마음 속 감정을 최소 하루 한 번 이상 느끼고 돌본다는 거예요.

나를 느끼고,

그때의 감정과 감각에 '맞는' 언어를 입히고,

'아하, 내가 지금 이런 상태구나' 알아챔으로써

혼란을 잠재우는 시간.

만약 몸과 마음이 단 한 가지도 느끼지 못하고

쫓기듯 하루를 살았다면

5분이라도 괜찮아요.

열 일 젖혀두고 베란다로 나가보세요.

화장실로 들어가 문을 잠가도 좋습니다.

깊은 숨을 쉬세요.

종일 억눌러두어야 했던

가여운 몸과 마음에게 말을 거세요.

'좀 어떠니? 정신없는 하루였지? 내가 지금 느껴줄게.'

그때 몸과 마음이 하는 말을 받아 적으세요.

1일 1묘사의 예를 들어볼게요.

매일 '느끼려고' 애를 쓴다면 점점 얼마나 글이 좋아지는지,

수경이가 좋은 예를 보여줍니다.

그녀는 '커피 마시는 시간'에 대해 첫날 이렇게 썼어요.

나는 커피 마시는 시간을 좋아한다. "엄마 커피 마셔" 하면 그 순간

은 아이들과 공간 분리가 되기 때문이다.

저는 이렇게 답했죠.

"수경아, 이건 묘사보다 설명에 가까워. 네 몸과 마음을 더 넣어

보자."

그러자 수경이는 이렇게 고쳐 썼어요.

나는 커피 마시는 시간을 좋아한다. 달그락 얼음이 부딪히며 커피를 한 모금 마시면, 내가 앉아 있는 우리 집 소파는 조용한 카페 의자가 된다.

"여전히 네 몸과 마음이 더 들어갈 자리가 보여. 예를 들면 소파에 늘어져 앉아 있을 때 네 몸은 어떠니? 마음은? 네 몸과 마음에 더 많은 관심을 주고 세심히 살펴봐줘."

매일 쓰고 또 쓰며 일주일을 보낸 뒤,
수경이는 이렇게나 정밀한 1일 1묘사를 가져왔어요.

후– 후– 입바람을 연신 불어도 잔머리 한 가닥이 코끝에 계속 내려앉는다. 목과 등이 끈적해지고 습기 찬 고무장갑 안은 뜨거운 물의 열기로 후끈후끈하다. 마무리로 행주를 꼭 짜고 나면 그때까지 잘 견디던 땀방울이 벌레가 기어가듯 가슴 사이로 흐른다. 드디어 끝이구나. 고무장갑을 벗고 굽었던 허리를 펴는 순간 물 먹은 옷자락이 달라붙어 배에 소름이 돋는다. 자꾸 성가시던 머리카락을 정리하고 가려웠던 코를 신경질적으로 문지른다. 축축한 옷을 한 번 털어 몸의 열기를 식히고 유리잔을 꺼내 얼음을 채운다. 우유와 갓 내린 커피를 담은 유리잔에서 달그락 얼음이 부딪힌다. 소파로 가려던 나는 아이들이 앉아 있는 것을 보고 그냥 식탁에 앉는다. 열기에 시달렸던 손이 차가운 잔에 닿아 손자국을 남긴다. 유리잔을 두어 바퀴 돌리고 한 모금 마셔본다. 비로소 기분 좋은 시원함이 목구멍을 타고 가슴 속에 도달한다. 유리잔을 내려놓는 순간 또 한 번 달그락. 얼음 소리는 거실의 텔레비전 소리와 나를 분리시켜준다. 시선을 들어 마주 보이는 거실 창밖을 바라본다. 저 멀리 보이는 구름들에 눈길이 닿으면 나와 내 시선 사이의 공간은 집이 아닌 듯 부옇게 흐려진다. 지금 이 순간, 나는 고층의 어느 카페에 앉아 누구의 방해도 받지 않고 시간을 보낸다. 커피 한 잔이 내게 주는 이 시간이 좋다.

설거지를 마치고 커피를 마시는 한순간,
완벽하게 자신을 느꼈죠?

이 글에서 그녀의 감각이 드러난 부분에 동그라미를 쳐보세요.
(예: 끈적, 후끈후끈, 축축한)

이 글에서 그녀의 감정이 드러난 부분에 밑줄을 그어보세요.
(예: 신경질적으로, 기분 좋은)

이 글을 쓰는 동안 수경이는

대충 흘려보냈던, 혹은 꾹꾹 가둬두었던

자신의 감정과 감각을 정확히 되찾았습니다.

이제 그녀는 '스스로' 알아챕니다.

타인이 느낄 것을 정해버려 혼란스럽거나

자신이 느낀 것이 불확실해서 두루뭉술 넘어가지 않아요.

차분히 앉아 글을 쓰는 것만으로

'주체적으로 느끼는 사람'이 되는 법을 터득했습니다.

당신도 할 수 있습니다.

매일 연습한다면.

DAY 1

2주 동안 꾸준히 <1일 1묘사>를 써보세요.

글에서 당신의 감각이 드러난 부분에 동그라미를 쳐보세요.

동그라미의 개수를 기록하세요.

( )개

글에서 당신의 감정이 드러난 부분에 밑줄을 그어보세요.

밑줄의 개수를 기록하세요.

(   )개

만약 감각과 감정이 드러난 부분이 하나도 없다면 글을 더 깊이 들여다보며 중간중간 몸과 마음이 느낀 것을 넣어주세요. 동그라미와 밑줄이 점차 늘어나도록 노력해봅니다.

감각 (　　)개

감정 (　　)개

감각 (　　)개

감정 (　　)개

감각 (   )개

감정 (   )개

DAY 5

_____

_____

_____

_____

_____

_____

_____

_____

_____

_____

_____

_____

_____

_____

감각 (   )개

감정 (   )개

DAY 6

감각 (　　)개

감정 (　　)개

감각 (　　)개

감정 (　　)개

◆ 정민이의 노트 ◆

좋아하는 것이 무엇인지도 모르고 온몸에 붕대를 칭칭 감은
미라처럼 살아온 나에게 좋아하는 것을 감각으로 묘사해보
라고 했다. 내 몸을 통해 세상을 보고 듣고 만지고 느끼는 것
이 당연한 건데… 몰랐다.

처음 하는 묘사는 준비운동 없이 마구잡이로 몸을 움직여
보는 것 같았다. 낑낑대며 노력은 했지만 감각을 닫아버리고
출처가 불분명한 매뉴얼대로 살아온 것이 드러나는 것 같아
부끄러웠다. 하지만 처음으로 비를 흠뻑 맞은 기분이었다. 감
각을 느낀다는 것은 단순히 숨이 쉬어져서 사는 것이 아닌
나를 인지하고 세상과의 소통을 허락하는 거였다. '생생하
게 살아 있음!' 도장을 쾅쾅 찍고 기쁨을 만끽했다.

뻔뻔해지기로 했으니 소리 내어 고백한다. "나는 어떻게 느
끼고 표현하는지 모르는 년이에요! 그래서 배울 것도 연습
할 것도 많은 글쓰기가 좋습니다."

5. stop - feel - act 연습하기

일주일 간 꾸준히 1일 1묘사를 해내셨나요?

축하합니다.

남은 한 주는 한 발짝 더 나아가보기로 해요.

당신의 감각과 감정을 알아채는 것에 그치지 않고

그것에 필요한 행동을 해주는 겁니다.

그러려면,

하나, 1일 1묘사를 씁니다.

둘, 밑줄과 동그라미를 칩니다.

셋, 곧장 다른 행동으로 넘어가지 않고 잠시 그대로 멈춥니다

(**stop**).

넷, 밑줄과 동그라미 속 느낌이 충분히 나에게 전달되도록 합니

다(**feel**).

다섯, 전달받은 것에 반드시 응답해줍니다(**act**).

'아, 내가 지금 불안하구나', '지금 들떴구나', '명치가 저릿하구나',
'어깨가 뭉쳐 뻣뻣하구나.' 묶여 있던 감정과 감각들이 존재감을 알
리도록 허락해줘. 그들이 너를 노크하면 문을 열어주고 잠시 머물게
하는 거지. 그리고 반응해줘.
'아, 내가 지금 불안하네. 그럼 뭘 해줘야 할까?'

－《언니들의 마음공부_부모 편》본문 중에서

나의 목소리를 듣고 반응해주는 것,
자기애의 시작입니다.

예를 들어, 당신이 '불안하다'고 썼다면 좋아하는 음악을 켜고
부드러운 쿠션을 끌어안아 봅니다. '명치가 저릿하다'면 잠시
눈을 감고 천천히 숨을 들이마시고 내쉽니다. '어깨가 뻣뻣하
다'면 5분 정도 스트레칭을 해주고요. '웃고 싶었지만 참았다'
면 뒤늦게라도 눈물이 나도록 터뜨려주세요.

DAY 1

지금부터 다시 일주일 동안 stop - feel - act로 구성된
<1일 1묘사 한 세트>를 완성해봅니다.

1. STOP: 1일 1묘사를 쓰세요.

_감각 (   )개 , 감정 (   )개

2. FEEL: 동그라미와 밑줄 속 감각과 감정을 느껴봅니다.

3. ACT: 이 느낌을 해소해주기 위해 어떤 행동을 해주면 좋을까요?

4. 3번 행동을 해주었나요? 해주고 나니 기분이 어떤가요?

_____

_____

_____

_____

5. 만약 오늘 대응이 효과적이지 못했다면 그 이유는 무엇인가
   요? 다음엔 어떻게 해주고 싶은가요?

_____

_____

_____

_____

'오늘 내가 우울을 느꼈는데, 그때 뭘 해줬지?'

'밥이 없어서 밥을 했구나. 그렇게 대충 덮어버렸네!'

'다음엔 이럴 때 뭘 해줄까?'

'친구에게 전화해서 커피 마시자고 해야겠다.'

실제로 이런 내용을 적다 보면 다음엔 같은 상황에서 곧장 친구에
게 전화할 수가 있어. - 《언니들의 마음공부_부모 편》 본문 중에서

DAY 2

지금부터 다시 일주일 동안 stop - feel - act로 구성된
<1일 1묘사 한 세트>를 완성해봅니다.

1. STOP: 1일 1묘사를 쓰세요.

감각 (　　) 개 , 감정 (　　) 개

2. FEEL: 동그라미와 밑줄 속 감각과 감정을 느껴봅니다.

3. ACT: 이 느낌을 해소해주기 위해 어떤 행동을 해주면 좋을까요?

_____

_____

_____

_____

4. 3번 행동을 해주었나요? 해주고 나니 기분이 어떤가요?

_____

_____

_____

_____

5. 만약 오늘 대응이 효과적이지 못했다면 그 이유는 무엇인가
   요? 다음엔 어떻게 해주고 싶은가요?

_____

_____

_____

_____

지금부터 다시 일주일 동안 stop - feel - act로 구성된
<1일 1묘사 한 세트>를 완성해봅니다.

1. STOP: 1일 1묘사를 쓰세요.

_____

_____

_____

_____

_____

_____

_____

_____

_____

                              감각 (   )개 , 감정 (   )개

2. FEEL: 동그라미와 밑줄 속 감각과 감정을 느껴봅니다.

3. ACT: 이 느낌을 해소해주기 위해 어떤 행동을 해주면 좋을까요?

4. 3번 행동을 해주었나요? 해주고 나니 기분이 어떤가요?

5. 만약 오늘 대응이 효과적이지 못했다면 그 이유는 무엇인가요? 다음엔 어떻게 해주고 싶은가요?

DAY 4

지금부터 다시 일주일 동안 stop - feel - act로 구성된
<1일 1묘사 한 세트>를 완성해봅니다.

1. STOP: 1일 1묘사를 쓰세요.

감각 (   )개 , 감정 (   )개

2. FEEL: 동그라미와 밑줄 속 감각과 감정을 느껴봅니다.

3. ACT: 이 느낌을 해소해주기 위해 어떤 행동을 해주면 좋을까요?

4. 3번 행동을 해주었나요? 해주고 나니 기분이 어떤가요?

5. 만약 오늘 대응이 효과적이지 못했다면 그 이유는 무엇인가
   요? 다음엔 어떻게 해주고 싶은가요?

DAY 5

지금부터 다시 일주일 동안 stop - feel - act로 구성된
<1일 1묘사 한 세트>를 완성해봅니다.

1. STOP: 1일 1묘사를 쓰세요.

감각 (   )개 , 감정 (   )개

2. FEEL: 동그라미와 밑줄 속 감각과 감정을 느껴봅니다.

3. ACT: 이 느낌을 해소해주기 위해 어떤 행동을 해주면 좋을까요?

_____

_____

_____

_____

4. 3번 행동을 해주었나요? 해주고 나니 기분이 어떤가요?

_____

_____

_____

_____

5. 만약 오늘 대응이 효과적이지 못했다면 그 이유는 무엇인가
   요? 다음엔 어떻게 해주고 싶은가요?

_____

_____

_____

_____

DAY 6

지금부터 다시 일주일 동안 stop - feel - act로 구성된
<1일 1묘사 한 세트>를 완성해봅니다.

1. STOP: 1일 1묘사를 쓰세요.

감각 (   )개 , 감정 (   )개

2. FEEL: 동그라미와 밑줄 속 감각과 감정을 느껴봅니다.

3. ACT: 이 느낌을 해소해주기 위해 어떤 행동을 해주면 좋을까요?

4. 3번 행동을 해주었나요? 해주고 나니 기분이 어떤가요?

5. 만약 오늘 대응이 효과적이지 못했다면 그 이유는 무엇인가
   요? 다음엔 어떻게 해주고 싶은가요?

지금부터 다시 일주일 동안 stop - feel - act로 구성된
<1일 1묘사 한 세트>를 완성해봅니다.

1. STOP: 1일 1묘사를 쓰세요.

감각 (   )개 , 감정 (   )개

2. FEEL: 동그라미와 밑줄 속 감각과 감정을 느껴봅니다.

3. ACT: 이 느낌을 해소해주기 위해 어떤 행동을 해주면 좋을까요?

4. 3번 행동을 해주었나요? 해주고 나니 기분이 어떤가요?

5. 만약 오늘 대응이 효과적이지 못했다면 그 이유는 무엇인가
   요? 다음엔 어떻게 해주고 싶은가요?

나는 생각을 정리해야 할 때 간간히 블로그에 글을 쓰곤 했다. 쓰고 나면 복잡한 생각이 정리되는 느낌이 들어 좋았고, 때론 읽는 사람들이 나의 정서에 전이되어 깊은 공감을 표하는 것을 보는 게 좋았다. 그래서 나는 내가 글을 잘 쓰는 편이라고 생각을 했다.

'묘사'를 배운 뒤, 나는 내가 온몸으로 느끼기보다 머리로만 생각하는 사람이란 것을 알게 되었다. 그것은 내가 그동안 세상에 대한 나의 느낌을 중요하게 생각하지 않았음을 의미했고, 바꿔 말하면 내 스스로의 감각과 감정을 귀하게 여기지 않았음을 의미했다.

나는 그동안 '말'을 부여하지 않아 존재도 없이 사그라졌던 나의 감정과 감각들에게 미안해졌다. 묘사를 하는 시간은 글을 유려하게 쓰는 법을 연습하는 것이 아니었다. 세상을 헤치며 사는 나의 느낌을 펌프질하는 법을 연습하는 시간이었다. 이 과정을 통해 왠지 나는 나를 더 사랑하고 존중해줄 수 있을 것 같다.

2주 동안 1일 1묘사를 해내셨나요?

꾸준함에 큰 박수를 보냅니다.

그럼 아래 세 가지를 확인하면서

당신의 성장을 기뻐하기로 해요.

첫날 쓴 묘사와 마지막으로 쓴 묘사를 읽어보세요.

밑줄과 동그라미의 개수를 비교해보세요.

시간이 흐를수록 많아졌나요?

시간이 흐를수록 표현이 섬세해졌나요?

느낀 것을 놓치지 않고 잡아채서

비교적 분명하게 글로 표현할 수 있게 되었나요?

글로 표현한 것을 행동으로 옮길 수 있었나요?

그것이 어깨를 주물러주는 작은 행동이라 해도!

아직 연습이 필요한 사람은

좀 더 시간을 갖고

stop - feel - act가 될 때까지

1일 1묘사를 연습합니다.

2주는 최소한의 시간일 뿐

오랜 연습이 필요하다 해도 지극히 정상이니까요.

이 작업은 사람에 따라서 수년이 걸릴 수도 있어요.

그러니 절대 자책하지 말고

꾸준히 연습해나가시기 바랍니다.

stop - feel - act가 되는 사람은

혼자 내면여행을 떠날 준비가 된 것입니다.

자신의 감정과 감각을 알아챌 수 있고

그에 걸맞은 행동도 취할 수 있으니까요.

이제 당신은 자신을 돌보는 사람입니다.

자신을 위해주는 사람이죠.

자기애가 장착되었어요.

길을 떠나봅시다.

STEP II.

감感노트

길 위에서
맞이하는 도전

<치유의 3단계 매뉴얼> 도장깨기

길 위에 서봅니다.

그동안 타인이 정해주는 대로 느꼈던 세상을

주체적으로 다시 느껴볼 차례입니다.

지금 당신이 서 있는 이 길의 이름은 '치유의 길'이에요.

《언니들의 마음공부_부모 편》을 읽으셨지요?

그렇다면 다음을 기억하실 겁니다.

<치유의 3단계 매뉴얼>*

1단계. 대면과 이해

2단계. 위로와 긍정

3단계. 퉁치기와 경계설정

<치유의 3단계 매뉴얼>의 정의는 《언니들의 마음공부_부모 편》 38~43쪽에 상세히 나와 있습니다.

치유의 길은 이 매뉴얼을 순차적으로 펼친 길입니다.

'대면과 이해', '위로', '긍정', '퉁치기', '경계설정'을 거치고, 최종 목적지인 '파이널 에세이'까지 더해서 총 여섯 도장을 연결합니다.

지금부터 당신은 치유의 길을 여행할 거예요.

당신이 이 길의 끝에 이르면

<치유의 3단계 매뉴얼>을 모두 무사 통과한 것이고,

치유의 결과물인 파이널 에세이를 손에 쥐게 된다는 뜻이죠.

당신의 성공적인 도장 깨기를 응원하겠습니다.

치유의 길의 출발점엔 육중한 문이 있습니다.

당신은 이 문을 오래 잠가두었어요.

열면 힘들어질 것 같아서,

또는 남들이 열지 말라고 해서.

사실 열지 않아서 더 힘들었어요.

불안했고 혼란스러웠고 매사에 자신이 없었죠.

그런 '나'와 편안하게 지내기 어려웠어요.

더는 그 불편함을 모른 척하지 않습니다.

stop - feel - act.

당신은 자신을 위해 행동하는 사람이니까요.

용감하게,

문을 엽니다.

비로소 길이 훤히 펼쳐져요.

저 멀리 아스라이 최종 목적지도 보여요.

발을 내딛습니다.

첫 번째 도장에 들어서요.

'대면과 이해.'

들여다봅니다.

그 안에 당신의 원가정이 있습니다.

그 안에 당신의 바위도 있어요.

바위는 오랜 시간 동안 당신의 마음을 꽉 누르고 있었죠.

당신의 마음은 본래의 생김과 부피를 잃고 납작해졌어요.

바위를 생각하면

가장 먼저 떠오르는 에피소드가 무엇인가요?

당신이 가장 먼저 말하고 싶은 에피소드 안에

가장 먼저 자유로워지고 싶은 감정이 있을 거예요.

희진이의 경우,

바위는 엄마였고 이런 에피소드를 골랐어요.

도시락 가방을 학교에 두고 왔던 어느 날인가는 엄마가 나를 혼내는 것만으로 분이 풀리지 않았는지 늦은 저녁 시간에 학교에 돌아가 도시락 가방을 가져오라 했다. 컴컴한 학교 복도를 마주하니 귀신이라도 튀어나올 것 같아 도저히 교실까지 갈 용기가 나지 않았지만 도시락을 가져가지 않을 경우 엄마에게 혼날 일이 더 큰 공포로 다가올 정도로 엄마는 나에게 무서운 존재였다.

이 글에 대해 저는 다음과 같이 조언했어요.

더 깊숙이 당시의 감정과 감각 속으로 들어가야 해. 카페나 도서관 같은 곳에 자리 잡고 앉아서 집중해서 푹 잠겨 들어가봐. 그날 어둠은 어땠는지, 네가 그래서 얼마나 무서웠는지, 집으로 갔더니 엄만 뭐라고 하셨는지 디테일을 최대한 떠올려봐.

그거 하면서 희진아, 눈물이 나오면 울어. 어떤 것도 억누르지 말라는 뜻이야. 이번엔 찌꺼기 남기지 말고 제대로 올라오게 해줘야지. 올라온 것들에 대해선 '이름 붙이기'를 제대로 해서 정리해줘야 해. '내가 굼떠서' 같은 엄마가 이름 붙인 것들을 지워버리고 '실제 있었

던 사실'을 네 언어로 다시 재정의해서 저장하는 과정 말이야.

– 《언니들의 마음공부_부모 편》 본문 중에서

어쩌면 당신도 희진이와 비슷한 상태일 수 있어요. 당신이 고른 에피소드는 불쑥불쑥 떠올라 당신을 불편하게 하지만 막상 꺼내려면 어떤 말로 시작해야 할지 어려워요. 결국 희진이의 글처럼 뭉툭하고 간략해지죠. 묘사가 아닌 설명으로, 마치 나 말고 내 친구에게 일어난 일처럼.

자연스러운 일입니다. 거기 얽힌 감정들이 매우 복잡해서 그래요. 그 뒤엉킴이 여전히 고통스러워 도망치고 싶기까지 하니 글은 더 짧고 엉성해지죠.

게다가 불쑥 바위의 목소리가 튀어나오기도 합니다. 바위가 함부로 '나'를 평가했던 어휘들이. 게으르다든가, 버르장머리 없다든가, 쓸모없다든가. 지금껏 당신이 그것을 세심하게 들여다보지 않은 이유도 그런 어휘들이 여전히 아프기 때문이었어요. 불쑥 기억날 때마다 당황하며 잡아 가두기 바빴죠.

이번엔 담대히 들여다봐야 해요.

구석구석 세밀하게.

엉킨 부분을 하나씩 공들여 풀어내는 동안

당신은 어느덧 지구 위로 올라가 있을 거예요.

실제로 벌어졌던 일의 전모를 객관적으로

파악할 수 있을 겁니다.

당신을 돕기 위해 질문부터 하겠습니다.

힘들더라도 찬찬히 답해주세요.

시작 단계이니 단답형 또는 간략한 '설명'으로 답해봅시다.

원가정에서 당신의 바위는 누구입니까?

_____

_____

_____

당신의 바위였던 그(녀)는 어떤 성격을 가졌나요?

_____

_____

_____

_____

그런 성격을 가질만한 그(녀)의 성장배경이 있었나요?

나는 타고난 기질이 어떠했나요?

(부모의 평가가 아닌, 스스로 기억하는 기질)

그(녀)는 나의 기질을 대체로 어떻게 다뤘나요?

(예: 조롱, 윽박, 폭력, 무관심 등)

그(녀)가 나의 기질을 다루는 방식에 나는 주로

어떤 식으로 반응했나요? (예: 침묵, 애교 떨기)

그때에 나의 주된 감정은 무엇이었나요? (예: 두려움, 회피)

_____

_____

_____

그것은 지금 나의 성격에 어떤 영향을 미쳤나요?

_____

_____

_____

당신이 고른 에피소드의 줄거리를 짤막하게 쓸 수 있나요?

_____

_____

_____

_____

_____

이 에피소드가 벌어진 상황을 그림으로 그려볼 수 있나요?

지금부터는

최대한 세밀한 '묘사'로 답해주세요.

질문이 좀 많습니다. 그러므로 일주일을 잡고 천천히 하나의 에피소드를 채워나가세요. 답하는 동안, 에피소드의 구석구석을 빠짐없이 살펴보게 될 겁니다. 당신의 기억 중 누락되었거나 편향되어 있는 부분을 보완하고, 전체 구조를 객관적으로 파악하는 데 도움이 되죠.

걱정할 것은 없어요. 질문 자체가 구체적이기 때문에 질문을 꼼꼼히 읽고 그에 맞춰 1일 1묘사에서 키운 기량을 최대한 발휘하면 됩니다.

EPISODE 1

에피소드가 벌어진 때는 언제였나요?

(등장인물들의 나이, 연도, 계절, 그날의 날씨, 시간대)

어디였나요?

(실내외 장소명, 빛의 밝기, 놓여 있던 물건들, 냄새와 소리 등)

그 공간엔 누가 무얼 하고 있었나요?

(각 인물들의 행동, 표정, 심기, 평소 역할 등)

당시 그(녀)는 인생에서 어떤 상황에 처해 있었나요?

(일, 관계, 건강 등)

당신은 몇 살이었으며, 처한 상황은 어떠했나요?

(부모 형제자매 교우 관계, 발육상태, 고민거리 등)

_____

_____

_____

_____

_____

_____

그날 오간 대화를 큰따옴표 안에 구체적으로 써봅니다.

(예: "남기지 말고 먹어")

_____

_____

_____

_____

_____

_____

그때 당신이 드러내지 못한 마음을 작은따옴표 안에 구체적으로 써봅니다. (예: '먹고 싶지 않은데')

그(녀)는 왜 그런 말 또는 행동을 했다고 생각하나요?

그때 그(녀)가 지닌 감정은 무엇이었을까요?

나는 왜 그런 말 또는 행동을 했다고 생각하나요? (예: 꾸역꾸역 먹었다.) 그때 내가 실제로 지닌 감정은 무엇이었을까요?

_____

_____

_____

_____

_____

_____

나는 그 감정을 표현했나요? 표현하지 못했다면 왜 그랬나요? 그때 내 감정보다 무엇을 우선시했나요? (일, 또는 타인의 감정)

_____

_____

_____

_____

_____

_____

사실 나는 그때 어떤 표현(행동이나 말)을 하고 싶었나요?

(예: "내 밥은 내가 알아서 먹게 내버려둬.")

내 표현에 대해 그(녀)가 어떻게 말 또는 행동해주길 바랐나요?

(예: "알겠다. 입맛이 없는가 보구나. 혹시 걱정거리라도 있니?")

그런데 실제로 그렇지 않아서 그 사건이 벌어진 이후
나는 그 일에 대해 어떤 감정을 지니게 되었나요?

그날 이후 그 사건과 관련해서 추가적으로 어떤 일이
벌어졌거나, 그 사건에 대해 그(녀)와 이야기 나눈 적이 있나요?

이야기 나눈 적이 있다면,
그(녀)의 입장에서 왜 그런 말 또는 행동을 했을까요?
(감정을 포함해서)

나의 입장에선 왜 그런 말 또는 행동을 했을까요?

(감정을 포함해서)

이야기 나눈 적이 없다면,

뒤늦게라도 둘 사이에 어떤 이야기를 주고받길 바랐나요?

그렇게 되지 않은 이유를 내 입장에서 적어보세요.

(감정을 포함해서)

그(녀)의 입장에서도 적어보세요.

(감정을 포함해서)

아주아주 어려운 작업을 마쳤습니다. 뭉툭하지 않고 세심하게, 당신은 그 시절의 내면아이를 만나주었어요. 당시 실제로 벌어진 일을 '나'뿐 아니라 '바위'의 입장에서도 구석구석 바라보았습니다. 마치 소설 속 한 장면을 분석하듯, 이 에피소드의 배경, 인물, 사건을 빠짐없이 알아보았죠.

이것이 지구 위에서 보기를 통한 객관화입니다.
그리고 여기까지가
치유의 첫 번째 도장 깨기,
'대면과 이해'를 해낸 것입니다.

상처란 본래 얼마나 주관적인지, 남의 부러진 팔보다 내 손가락에 박힌 가시가 더 아파. 게다가 제때 치료하지 않으면 곪기에 작은 상처라도 오래되면 개인의 전부를 장악하고 말지. 그래서 언니는 필요할 때마다 '자, 우리 같이 지구 위에서 보자' 하고 글쓴이를 상처 밖으로 이끌 거야. 객관화할 수 있으면 벗어날 수도 있어. 정확히 손가락에 박힌 가시가 보일 거고 딱 그 가시만큼만 아플 거야.

– 《언니들의 마음공부_부모 편》 본문 중에서

한 번 연습으로는 충분하지 않아요.

당신을 짓누르는 바위와 관련된 에피소드를 더 골라보세요,

같은 방식으로 세 편의 에피소드를 더 써봅시다.

이렇게 해서 한 달 동안 총 네 편의 각기 다른 에피소드를 완성해내는 것이죠. 당신과 바위의 관계를 동서남북에서 바라보기 위해서.

만약 누군가 자신에게 벌어진 일을 동서남북 네 방향에서 고르게 바라본다면 그것의 정체를 밝혀낼 가능성이 매우 높다.

−《언니들의 마음공부_부모 편》 본문 중에서

물론!

글 쓰는 속도는 당신이 얼마든지 조절해도 좋습니다. 한 주에 한 편이 벅차다면, 한 달에 한 편씩 써도 좋아요. 그러나 한 달을 넘기진 않기로 해요. 그보다 길어지면 중도에 그만둘 확률이 높으니까요. 최대 한 달, 스스로 마감을 정하고 지켜봅시다.

당신의 성공적인 마감을 위해

지금부터는 마감일을 기입하는 빈칸을 마련해놓겠습니다.

에피소드가 벌어진 때는 언제였나요?

(등장인물들의 나이, 연도, 계절, 그날의 날씨, 시간대)

어디였나요?

(실내외 장소명, 빛의 밝기, 놓여 있던 물건들, 냄새와 소리 등)

그 공간엔 누가 무얼 하고 있었나요?

(각 인물들의 행동, 표정, 심기, 평소 역할 등)

당시 그(녀)는 인생에서 어떤 상황에 처해 있었나요?

(일, 관계, 건강 등)

당신은 몇 살이었으며, 처한 상황은 어떠했나요?

(부모 형제자매 교우 관계, 발육상태, 고민거리 등)

_____

_____

_____

_____

_____

그날 오간 대화를 큰따옴표 안에 구체적으로 써봅니다.

(예: "남기지 말고 먹어")

_____

_____

_____

_____

_____

_____

그때 당신이 드러내지 못한 마음을 작은따옴표 안에
구체적으로 써봅니다. (예: '먹고 싶지 않은데')

그(녀)는 왜 그런 말 또는 행동을 했다고 생각하나요?
그때 그(녀)가 지닌 감정은 무엇이었을까요?

나는 왜 그런 말 또는 행동을 했다고 생각하나요?

그때 내가 실제로 지닌 감정은 무엇이었을까요?

나는 그 감정을 표현했나요? 표현하지 못했다면 왜 그랬나요?

그때 내 감정보다 무엇을 우선시했나요? (일, 또는 타인의 감정)

사실 나는 그때 어떤 표현(행동이나 말)을 하고 싶었나요?

(예: "내 밥은 내가 알아서 먹게 내버려둬.")

_____

_____

_____

_____

_____

내 표현에 대해 그(녀)가 어떻게 말 또는 행동해주길 바랐나요?

(예: "알겠다. 입맛이 없는가 보구나. 혹시 걱정거리라도 있니?")

_____

_____

_____

_____

_____

_____

그런데 실제로 그렇지 않아서 그 사건이 벌어진 이후
나는 그 일에 대해 어떤 감정을 지니게 되었나요?

그날 이후 그 사건과 관련해서 추가적으로 어떤 일이
벌어졌거나, 그 사건에 대해 그(녀)와 이야기 나눈 적이 있나요?

이야기 나눈 적이 있다면,
그(녀)의 입장에서 왜 그런 말 또는 행동을 했을까요?
(감정을 포함해서)

나의 입장에선 왜 그런 말 또는 행동을 했을까요?

(감정을 포함해서)

_____

_____

_____

_____

_____

_____

이야기 나눈 적이 없다면,

뒤늦게라도 둘 사이에 어떤 이야기를 주고받길 바랐나요?

_____

_____

_____

_____

_____

_____

_____

그렇게 되지 않은 이유를 내 입장에서 적어보세요.

(감정을 포함해서)

_____

_____

_____

_____

_____

_____

그(녀)의 입장에서도 적어보세요.

(감정을 포함해서)

_____

_____

_____

_____

_____

_____

종종 "옛기억을 자세히 떠올리니 부정적인 감정들이 올라와 생활이 힘들어요. 감노트의 부작용 아닌가요?" 라는 질문을 받습니다. 예쁜 감정만 표현하고 불쾌한 감정은 억눌러온 사람일수록 이럴 확률이 높습니다.

부디 올라오는 감정들을 억누르거나 차별하지 말고 반갑게 맞아주세요. 추하거나 거북한 감정일수록 더더욱. "뒤늦게라도 솔직하게 표현해줘서 고마워"라고 자신에게 말해주세요. 108배나 기도, 명상이나 운동을 한 뒤에 글을 쓴다면 힘든 감정도 대면하기가 조금 수월해질 겁니다. 모쪼록 계속 써 나가세요.

EPISODE 3　　　　　　　　　마감일 ___월 ___일

에피소드가 벌어진 때는 언제였나요?
(등장인물들의 나이, 연도, 계절, 그날의 날씨, 시간대)

_____

_____

_____

_____

어디였나요?

(실내외 장소명, 빛의 밝기, 놓여 있던 물건들, 냄새와 소리 등)

그 공간엔 누가 무얼 하고 있었나요?

(각 인물들의 행동, 표정, 심기, 평소 역할 등)

당시 그(녀)는 인생에서 어떤 상황에 처해 있었나요?

(일, 관계, 건강 등)

당신은 몇 살이었으며, 처한 상황은 어떠했나요?

(부모 형제자매 교우 관계, 발육상태, 고민거리 등)

그날 오간 대화를 큰따옴표 안에 구체적으로 써봅니다.

(예: "남기지 말고 먹어")

그때 당신이 드러내지 못한 마음을 작은따옴표 안에

구체적으로 써봅니다. (예: '먹고 싶지 않은데')

_____

_____

_____

_____

_____

_____

그(녀)는 왜 그런 말 또는 행동을 했다고 생각하나요?

그때 그(녀)가 지닌 감정은 무엇이었을까요?

_____

_____

_____

_____

_____

_____

나는 왜 그런 말 또는 행동을 했다고 생각하나요?

그때 내가 실제로 지닌 감정은 무엇이었을까요?

_____

_____

_____

_____

_____

_____

나는 그 감정을 표현했나요? 표현하지 못했다면 왜 그랬나요?

그때 내 감정보다 무엇을 우선시했나요? (일, 또는 타인의 감정)

_____

_____

_____

_____

_____

_____

사실 나는 그때 어떤 표현(행동이나 말)을 하고 싶었나요?

(예: "내 밥은 내가 알아서 먹게 내버려둬.")

내 표현에 대해 그(녀)가 어떻게 말 또는 행동해주길 바랐나요?

(예: "알겠다. 입맛이 없는가 보구나. 혹시 걱정거리라도 있니?")

그런데 실제로 그렇지 않아서 그 사건이 벌어진 이후

나는 그 일에 대해 어떤 감정을 지니게 되었나요?

_____

_____

_____

_____

그날 이후 그 사건과 관련해서 추가적으로 어떤 일이

벌어졌거나, 그 사건에 대해 그(녀)와 이야기 나눈 적이 있나요?

이야기 나눈 적이 있다면,

그(녀)의 입장에서 왜 그런 말 또는 행동을 했을까요?

(감정을 포함해서)

_____

_____

_____

_____

나의 입장에선 왜 그런 말 또는 행동을 했을까요?

(감정을 포함해서)

이야기 나눈 적이 없다면,

뒤늦게라도 둘 사이에 어떤 이야기를 주고받길 바랐나요?

그렇게 되지 않은 이유를 내 입장에서 적어보세요.

(감정을 포함해서)

그(녀)의 입장에서도 적어보세요.

(감정을 포함해서)

에피소드가 벌어진 때는 언제였나요?

(등장인물들의 나이, 연도, 계절, 그날의 날씨, 시간대)

어디였나요?

(실내외 장소명, 빛의 밝기, 놓여 있던 물건들, 냄새와 소리 등)

그 공간엔 누가 무얼 하고 있었나요?

(각 인물들의 행동, 표정, 심기, 평소 역할 등)

당시 그(녀)는 인생에서 어떤 상황에 처해 있었나요?

(일, 관계, 건강 등)

당신은 몇 살이었으며, 처한 상황은 어떠했나요?

(부모 형제자매 교우 관계, 발육상태, 고민거리 등)

_____

_____

_____

_____

_____

그날 오간 대화를 큰따옴표 안에 구체적으로 써봅니다.

(예: "남기지 말고 먹어")

_____

_____

_____

_____

_____

_____

그때 당신이 드러내지 못한 마음을 작은따옴표 안에
구체적으로 써봅니다. (예: '먹고 싶지 않은데')

그(녀)는 왜 그런 말 또는 행동을 했다고 생각하나요?
그때 그(녀)가 지닌 감정은 무엇이었을까요?

나는 왜 그런 말 또는 행동을 했다고 생각하나요?

그때 내가 실제로 지닌 감정은 무엇이었을까요?

나는 그 감정을 표현했나요? 표현하지 못했다면 왜 그랬나요?

그때 내 감정보다 무엇을 우선시했나요? (일, 또는 타인의 감정)

사실 나는 그때 어떤 표현(행동이나 말)을 하고 싶었나요?
(예: "내 밥은 내가 알아서 먹게 내버려둬.")

내 표현에 대해 그(녀)가 어떻게 말 또는 행동해주길 바랐나요?
(예: "알겠다. 입맛이 없는가 보구나. 혹시 걱정거리라도 있니?")

그런데 실제로 그렇지 않아서 그 사건이 벌어진 이후
나는 그 일에 대해 어떤 감정을 지니게 되었나요?

_____

_____

_____

_____

_____

그날 이후 그 사건과 관련해서 추가적으로 어떤 일이
벌어졌거나, 그 사건에 대해 그(녀)와 이야기 나눈 적이 있나요?

이야기 나눈 적이 있다면,
그(녀)의 입장에서 왜 그런 말 또는 행동을 했을까요?
(감정을 포함해서)

_____

_____

_____

_____

_____

나의 입장에선 왜 그런 말 또는 행동을 했을까요?

(감정을 포함해서)

_____

_____

_____

_____

_____

이야기 나눈 적이 없다면,

뒤늦게라도 둘 사이에 어떤 이야기를 주고받길 바랐나요?

_____

_____

_____

_____

_____

_____

그렇게 되지 않은 이유를 내 입장에서 적어보세요.

(감정을 포함해서)

_____

_____

_____

_____

_____

_____

그(녀)의 입장에서도 적어보세요.

(감정을 포함해서)

_____

_____

_____

_____

_____

_____

_____

여기까지가 '대면과 이해'입니다.

단언컨대, 이 첫 번째 도장 깨기가 가장 어려워요.

그런데 해냈어요. 대단합니다.

당신은 다음 도장도 깨고 말 거예요.

함께 가봅시다.

• 두 번째 도장. 위로

치유의 길에 두 번째 도장 '위로'가 놓여 있습니다.

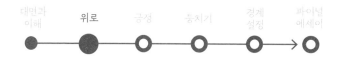

위로로 가기 위해서는 잠시 멈추고 느껴야 해요.

stop - feel.

앞의 첫 번째 에피소드로 돌아가봅니다.

당신이 그린 그림 속 어린아이를 바라봐주세요.

당신이 쓴 답변들도 읽어보세요.

당시에 응당 가져야 했으나 가지지 못했던

감정이 글을 쓸 때 올라왔나요?

만약 그렇지 못했다면

지금이라도 올라올 수 있도록 자신을 도와주세요.

올라온 감정에 절대! 부정적인 피드백을 주지 마세요.

예를 들면 이런 말들은 금지입니다.

'그 따위 감정은 가져서 뭐 할 건데? 쓸데없다.'
'이제 와서 다 무슨 소용이냐. 어리석다.'
'그 정도 상처 없는 사람 있나? 약해 빠진 것 같으니.'
'감히 부모에게? 자식은 무조건 꿇어야지.'

있는 그대로의 감정을 존중해주세요.

나아가 그 감정을 위해 행동해주세요.
act!

감정을 억누르지 말고 실컷 방출합니다.
눈물을 흘리는 것, 아주 좋습니다.
괴성을 지르는 것, 괜찮고 말고요.

'당시에 당신이 하고 싶었던 표현들'을
지금이라도 실컷 해주세요.

감정이 좀 잦아들면,
내내 그 감정을 억누르느라 고통받았던 당신에게
분명한 위로의 말을 건네주세요.

그것을 글로도 남겨주세요.

첫 번째 에피소드에 위로의 말을 적어봅시다.

참 힘들었겠구나.

그런데도 참 잘 견뎌냈구나.

장하구나.

네가 애쓴 걸 내가 잘 알아.

네 외로움도 내가 잘 알아.

이리 오렴, 꼭 안아줄게.

– 《언니들의 마음공부_부모 편》 본문 중에서

같은 방식으로, 나머지 세 개의 에피소드에도 각각 위로의 말을
적어봅시다.

EPISODE 1

_____

_____

_____

_____

_____

EPISODE 2

_____

_____

_____

_____

_____

EPISODE 3

EPISODE 4

아주 잘 해냈어요.

대면하고

이해하고

위로하기.

이것이 제대로 완성된 에피소드 쓰기 한 세트입니다.

당신이 여행을 떠나기 전 준비했던

stop

feel

act.

그것의 업그레이드된 버전이죠.

한 번의 위로로 상처가 사라지진 않습니다.

위로의 말을 적은 뒤에도

힘든 감정들이 수시로 올라올 수 있어요.

그때엔,

1. 백 번이고 천 번이고 위로의 말을 다시 해줍니다.

2. 다양한 방식으로 감정을 해소해 주세요.

   (운전할 때 소리를 지르거나, 음악을 틀어놓고 막춤을 추거나, 소리 내 엉엉 울거나, 기분이 좋아질 때까지 달리기 등)

3. 그 중에서 당신이 감정을 다루는 데 가장 효과적인 방법을 찾아내세요.

4. 주기적으로 그것을 실천(act)해줍니다.

5. 반드시 매일 조금씩이라도 운동을 해줍니다. 우리의 '마음'은 건강한 '몸'에 엄청난 지배를 받으니까요.

자, 지금까지 걸어온 치유의 길을 돌아보며

총정리해봅시다.

네 편의 에피소드를 쓰는 동안

당신은 상처의 기억 속으로 깊숙이 들어갔어요.

기억의 구석구석을 살피며

뒤엉켜 있던 부분들을 하나씩 풀어냈어요.

그리고 그것을 동서남북에서 찬찬히 바라봤어요.

이제 당신을 고통스럽게 했던

갈등관계의 구조가 어렴풋이 파악됩니다.

어렴풋한 것을 좀 더 선명하게 정리해서 써볼 차례입니다.

지구 위로 올라가서,

객관적으로.

바위가 이 관계에 대해 함부로 내렸던

주관적 정의를 버리고 (예: "네가 고집이 세서 벌어진 일")

당신만의 언어로 새롭게 이 관계를 재정의할 거예요.

다음 항목을 기준으로 정의를 내립니다.

- 어떤 기질과 능력치를 가진 사람이
- 어떤 배경 속에서 어떤 역할로 만나
- 어떤 방식으로 갈등했나?

예를 들어볼게요.

어떤 기질과 능력치를 가진 사람이

엄마는 외향적이어서(기질) 사람을 잘 사귀었고 가계를 책임졌다(능력). 나는 수줍음이 많아서(기질) 집과 학교에서 눈에 띄는 일을 하기보다 주로 조용히 관찰을 했다(능력).

어떤 배경 속에서 어떤 역할로 만나

여자가 경제력을 지니는 걸 못마땅하게 여겼던 시절이라(사회적 배경), 조부모는 엄마에게 불합리한 요구를 했고 무능력한 아빠는 의처증이 깊었다(가정적 배경). 엄마는 나를 돌보는 일(역할)이라도 내려놓고 싶어 했다.

어떤 방식으로 갈등했나?

내가 돌봄을 요구하면 엄마는 "너까지 왜 그러냐" 하며 신세한탄을 했기에 나는 구석자리로 되돌아가 다시 조용히 눈에 띄지 않는 아이가 되었다. 지금도 엄마는 나에게 신세한탄을 하며 감정펀칭백으로 사용한다.

당신과 바위 사이에 벌어졌던 일들을 위와 같이 정리해봅시다. 상처에 깊숙이 들어갔다 빠져나오는 객관화 단계에서는 묘사보다 설명이 효과적입니다. 명료성을 유지하기 위해 항목당 두 문장을 넘기지 마세요.

어떤 기질과 능력치를 가진 사람이

어떤 사회적/가정적 배경 속에서, 어떤 역할로 만나

_____

_____

_____

_____

어떤 방식으로 갈등했나?

_____

_____

_____

_____

당신과 바위의 갈등관계가

당신의 언어로 흔들림 없이 정의 내려졌나요?

이 관계를 지구 위에서 지그시 바라보세요.

바라보는 동안,

당신에게 올라오는 다양한 감정들을 써보세요.

(예: 지구 위에서 내려다보니, 내가 아직도 엄마 곁을 맴돌며 관심과 인정을 받고 싶어한다는 걸 알겠다. 그런데 엄마는 내가 원하는 따뜻한 사랑을 줄 수 없는 사람이란 것도 알겠다. 사랑받기 위해 엄마의 기분과 기대에 맞춰 살아온 지난 날들이 후회된다. 한편으론 이 사실을 알게 되어 홀가분하다.)

그중 지키고 싶은 감정에 O표를 쳐보세요. (예: 홀가분)
버리고 싶은 감정에 X표를 쳐보세요. (예: 후회)

바위에게 하고 싶은 말이 있다면 대화체로 써보세요. 특히 왜 어떤 감정을 지키고 싶고 어떤 감정은 버리고 싶은지도 알려주세요.

바위에게 말하듯 소리 내어 읽어보세요.

◆ 미영이의 노트 ◆

엄마는 가난한 시골집 8번 째 쌍둥이로 태어나 초등학교도 제대로 못 다녔다. 큰고모 댁에서 식모 대접을 받으며 조카들을 봐주다 도망치듯 결혼을 했고, 퇴근하고 집에 온 아빠가 밥 준비가 늦으면 불같이 화를 내 퇴근시간만 되면 벌벌 떨었다고 했다. 어릴 적 다미리가 엎어져 내 손등에 화상을 입었을 때도 아빠가 무서워 별것 아니라고 숨기며 병원에 데려가지 않았다고 한다. 엄마의 인생도 참 쉽지 않았을 것이다.

모임에서 당시 비슷한 일을 겪은 사람이 있었다. '아, 그럴 수 있는 일이구나. 내게 일어났던 모든 일이 나에게만 일어난 일이 아니고 그 시절엔 누구에게나 일어날 수 있는 일이었구나.' 그렇게 생각하니 조금 위로가 되었다. 열심히 지구 위에서 보긴 했지만 여전히 붙잡고 있던 것들을 놓고 싶어졌다. 엄마에게 듣고 싶었으나 듣지 못한 말들, 엄마에게 받고 싶었으나 받지 못했던 관심들…. 그로 인해 내 눈을 멀게 했던 짙은 슬픔과 아쉬움의 감정을 놓고자 한다. "그 시절엔 그럴 수 있는 일이다." 그 말을 삼키며 나의 슬픔도 소화시킨다.

이제 그 슬픔으로 내 속이 더부룩할 일은 없을 것이다.

엄마, 엄마가 내게 했던 말, "너처럼 아이한테 조곤조곤 설명하고 말로 해주면 되는데 난 왜 그렇게 때리면서 키웠나 모르겠다." 난 그 말을 듣고 '자기 자식 때렸다는 게 부끄럽지도 않나. 그래서 내 딸을 엄마한테 안 맡기는 거야'라고 속으로만 생각했어. 가끔 딸을 꼭 안아주는 엄마의 모습을 볼때면 너무 놀랐지. 엄마한테도 저런 모습이 있나 싶어서. 슬프지만 엄마의 말이 엄마 식의 간접적인 사과였다는 걸 이제알아요. 조금은 서글프지만, 내게 보내는 사과의 표현이라는걸 알기는 해야겠어요. 하지만 난 이제 그 착하기만 한 딸이아니에요. 나의 아이, 나의 남편, 나의 가정, 그리고 소중한나 자신을 먼저 챙기는 이기적인 딸이 될게요.

글쓰기 모임을 하기 전에는 글을 쓴다는 것이 참고 참다가터져 나오는 토사물 같았다. 누군가가 좀 들어줬으면 좋겠는데 어디 말할 데 없어 속 이야기를 털어놓는 수단일 뿐이었다. 너무 처절한 감정들이라 써놓고 다시는 읽고 싶지 않았다. 하지만 글쓰기 모임을 통해 글을 쓰는 것이 재미있을 수 있다는 것을 깨달았다. 이제는 내게 일어나는 모든 소소한 일들과 그 일들에서 비롯되는 감정들, 내 머릿속의 재미있는 상상들이 모두 글이 될 수 있다는 생각을 한다. 그 모든 것들을 글로 담고 싶다는 욕심이 든다. 다시는 예전처럼 마음에 커다란 바위를 가지고 살지 않을 거다. '하루를 살아도 마음 편하게' 이것이 내 마음 속 바위가 사라진 자리에 새겨둔 글귀다.

여기까지 온 배낭여행자는

잠시 쉬면서 자축해도 좋습니다.

질문에 스스로 답하면서

'대면과 이해' 그리고 '위로'까지

성공적으로 도장 깨기를 해냈으니까요.

깊이 숨을 들이마십니다.

다시 내쉽니다.

내 안에 그 동안

한 겹 한 겹 새롭게 깔린

강인함을 느껴봅니다.

"난 끝까지 할 수 있어!"

자신감을 가져봅니다.

치유의 길에 놓인 세 번째 도장은

'긍정'입니다.

• 세 번째 도장. 긍정

앞에서 충분히 '상처'를 주목했으니
지금부터는 '극복'으로 시선을 옮겨봅시다.

당신에겐 분명히 있어요.
상처의 고통에서 벗어나려고 새로 개발한 것,
시간이 지나면서 극복의 도구가 되어준 것,
그것이 바로 '긍정할 지점'입니다.

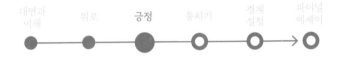

예를 들어볼게요.

종선_ 아빠가 소리를 지를 때면 나는 이불을 뒤집어쓰고 아름다운
가정을 상상했다. 동화책에서 읽었던 부모가 아이에게 크리스마스
선물을 사주고 다정히 안아주는 장면 같은 것들. 아이를 낳아 키우
며 다시 동화책을 읽어주다 보니, 그때의 위안이 새록새록 떠올라
아이보다 더 많은 동화책을 찾아 읽게 되었다. 동화책 관련 강좌도
여럿 들었다. 지금 나는 동화책을 읽고 쓰는 프로그램을 운영한다.

인혜_엄마가 나를 때리면 나는 무작정 집을 뛰쳐나와 달렸다. 그러면 숨이 쉬어졌다. 그것 때문이었는지 타고난 재능이 있었던 건지 모르겠지만 나는 운동회마다 마지막 계주선수가 되어 선생님과 친구들에게 인정을 받았다. 대학도 체대를 갔고 회사 동아리 활동도 운동을 했다. 동아리에서 남편을 만나 결혼도 했다. 지금도 나는 엄마만 보면 옛 상처가 도지지만 그래도 운동을 하는 순간 쉽게 몸으로 충족되는 행복감을 느낀다.

긍정의 지점이 반드시 대단한 진로나 활동이 되어야 하는 것은 아닙니다. 그저 성격이나 생활습관의 일부를 이룬 것도 좋아요. 지독하게 가난했기에 근검절약하는 습관이 몸에 뱄다든지, 폭력적인 환경이 싫어 평화주의자가 되었다든지, 일찍부터 동생들을 돌봐야 했기에 리더십을 얻었다든지, 억압적인 군인 아빠때문에 어디서든 정리정돈을 잘하게 되었다든지.
이런 식으로 찾아질 때까지 찾아봅니다.

'이게 무슨 긍정의 지점이야?
상처 때문에 생긴 부작용이지.
난 내 이런 성격이 지긋지긋한데?'
정말로 그럴까요?

기쁘게 한 선택은 아니었다고 해도,

얻은 것은 얻은 것입니다.

그것을 얻은 배경을 지워내고 본다면

'그것' 자체는 가치 있는 것일 때가 많죠.

예를 들어볼게요.

"아빠는 군인이셨어요. 매우 억압적으로 저희의 방정리에 간섭하셨어요. 그땐 그게 너무 싫었는데 이젠 언제 어디서든 나서서 정리하지 않곤 못 배기게 되었어요. 만날 치우느라 피곤해 죽겠어요."

→ 정리하는 습관 자체는 훌륭한 긍정의 지점이다.

→ 과도하게 정리하는 것이 문제일 뿐.

→ 아빠는 더 이상 내 곁에 없다. 아빠의 호통을 마음속에서 밀어내자.

→ 내가 필요하다고 생각하는 횟수를 정해서 하자.

"가난했기에 근검절약하는 습관이 몸에 뱄는데, 휴지 한 장까지 아껴 쓰니 아주 구질구질하게 느껴질 때가 있어요."

→ 근검절약하는 습관 자체는 훌륭한 긍정의 지점이다.

→ 지나치게 아끼는 게 문제일 뿐.

→ 나는 밥걱정을 할 정도의 가난에서 벗어난 지 오래다.

→ 필요한 소비 목록을 써보고 그 범위 내에서는 기분 좋게 소비하자.

당신에게는 새로운 시각이 필요할 뿐이에요.
당신이 지닌 가치를
상처로부터 분리해내서 '있는 그대로' 보는 시각.

또 새로운 시간이 필요할 뿐이에요.
그 가치가 당신의 생활을 압도하지 않도록
다른 가치들과 균형을 맞춰가는 시간.

절약하는 사람이라면 자신을 위해 소비하는 날을, 청소마니아
라면 어지르는 날을 정해 스스로 자유를 허락해보아도 좋겠죠.
억압적인 환경에서 내게 자리잡은 습관이라 해도, 내가 그것을
적절히 통제할 줄 알면 긍정적인 생의 자산이 되어 줍니다.

아무리 찾아봐도 긍정의 지점이 잘 찾아지지 않나요?

'긍정의 지점은커녕, 여전히 가난의 상처뿐인걸.
난 왜 하필 그런 불우한 가정에서 태어났을까?'

당신의 우울을 이해합니다.
이 말이 위로가 되길 바라요.
당신뿐 아니라 그 누구도
태어날 때 원하는 조건을 선택할 수는 없었지요.

그리고 이 말은 응원이 되길 바랍니다.
누구라도 주어진 조건 속에서
더 나은 인생을 만들 재료를 찾아낼 수는 있습니다.

그것이 바로 긍정의 지점이죠.

긍정의 지점을 찾는 눈은 그저 좋은 것을 좋게 보는 그런 단순한 눈이 아닙니다. 불리한 것 안에도 유리한 것이 숨겨져 있음을 보는 심미안입니다. 그 심미안으로 좋은 것만 추출해내고 나쁜 것은 확실하게 버리는 것, 그로써 나쁜 카르마를 끊어내는 어마어마한 것, 그것이 긍정입니다.

저와 함께 〈나를 찾는 글쓰기 모임〉을 했던 250명의 여성 중에는 끔찍한 학대와 폭력, 극단적인 결핍 가운데 성장한 사람이 다수 있었습니다. 그런데 긍정의 지점을 찾지 못한 사람은 단 한 명도 없었어요. 단 한 명도. 다들 거기서 벗어나기 위해 나름의 방식으로 사투를 벌여왔기 때문입니다. 그 와중에 생존에 유익한 무언가를 터득했기 때문이죠. 심지어 '난 온통 부정적인 것뿐인걸요' 하는 사람에게도 긍정의 지점은 있었으니, 바로 그 부정적인 것들을 모조리 식별해내는 힘이었어요. 그 힘 아래 '다양한 긍정적인 것들'을 갈망하는 마음이 짙게 깔려 있음을 알아보는 순간, 그것은 새로운 시작이 되었어요.

예를 들어볼게요. 지은이에겐 폭력적인 아빠 앞에서 무서움에 떨며 억지로 밥을 먹었던 기억이 있습니다.

비곗살에 기름진 고추장이 벌겋게 버무려진 마지막 조각을 들어 밥 위에 올린다. 바라보기만 해도 코끝에 돼지고기의 누린내가 끼친다. 눈을 질끈 감고 미끄덩한 조각을 입안에 넣는다. 코를 움켜쥐지 못했으나 숨은 진작부터 참고 있다. 삼키지 않고 목구멍으로 넘기려는 시도에 온몸이 강렬하게 저항하며 구역질을 내뱉는다. 돼지비계가 목구멍을 넘어가는 순간, 온 팔에 소름이 돋는다. 참았던 눈물이 줄

줄 흐른다. 소녀는 눈물마저 참으며 벌건 기름이 둥둥 뜬 접시에 밥공기와 수저를 포갠다.

그녀는 폭력에 순종하는 자신의 무력감을 이 묘사 안에 담았다고 했습니다. 하지만 늘 또랑또랑한 얼굴로 성실하게 모임에 참석하는 그녀였기에, 저에겐 전혀 다른 긍정의 지점이 읽혔죠.

"언니 눈에는 '울면서도 끝까지 다해내는 지은이'가 보이는데?"
순간 지은이의 눈이 반짝거렸습니다.
"…그렇네요. 저는 울지만 포기한 적은 없어요."

당신은 어떤가요?
이렇게 책을 펴고 노트를 채워나가는 당신이야말로 여러 덕목을 지니고 있습니다. 스스로 자신을 돌보고자 하는 높은 자존감, 근면함, 자율성, 지적 호기심, 응용력…. 그 외에도 더 많겠지요. 이 많은 덕목들은 어디에서 왔을까요? 생의 도전들에 담대히 맞서는 동안 생겨났을 겁니다.

다시 한번.

당신에겐 분명히 있어요.

상처의 고통에서 벗어나려고 개발한 것,

시간이 지나면서 극복의 도구가 되어준 것,

당신의 인생에는 반드시 긍정의 지점이 있어요.

당신이라면 그것을 찾아낼 수 있습니다.

다음 질문들에 답하며 당신만의 긍정의 지점을 추출해봅시다.

당신은 바위와 힘든 순간마다 스트레스를 줄이기 위해 개발한 활동이 있었나요?(예: 군인 아빠가 정리하라고 호통을 칠 때마다, 집을 뛰쳐나가 교회활동을 하며 시간을 보냈다.)

단순한 생활습관이나 성격으로 받아들인 것도 좋습니다. (예: 군인 아빠와 갈등을 피하기 위해 그냥 일찍부터 정리정돈하는 습관을 들였다.)

그중 점점 개발시켜서 타인에게 인정을 받게 된 것이 있나요? 혹은 타인의 인정과 관계없이 사적인 영역에서 조용히 지속한 것도 좋습니다. (예: 교회활동 중에서 연극에 관심을 갖게 되었다. 성탄절마다 청소년 연극을 준비했다.)

그것이 당신에게 주었던 사회적 보상이 있었나요?

(직업, 돈, 관계, 취미활동 등)

심리적 보상은 무엇이었나요?

(자존감, 인정, 자기결정권, 쾌락 등)

지금 당신은 그것을 계속하고 있나요?

혹은 새롭게 그것을 대체하는 무언가를 만들었나요?

그것은 지금 당신의 인생에서 어떤 긍정적인 역할을 하나요?

그것이 때로 부정적인 면을 드러내기도 하나요? 어떤 식으로 드러내나요? (예: 다른 식구들이 정리를 하지 않을 때 아빠가 했던 것처럼 호통을 친다.)

_____

_____

그 부정적인 면을 어떻게 통제함으로써 카르마를 끊을 수 있을까요? (예: 바로 사과한다. 방으로 들어가 '나나 잘하자'라는 기도문을 외며 108배한다.)

_____

_____

_____

_____

더 구체적인 방법들을 떠오르는 대로 자유롭게 써봅시다. 횟수, 시간, 예산, 장소, 함께할 사람, 또는 혼자 더 즐겁게 하기 위해 필요한 물품 등 자유롭게 떠올려봅니다.

(예: 주 2회만 청소한다. 청소도구는 더 사지 않겠다. 그 돈으로 주 2회 카페에 가서 내가 좋아하는 책이나 영상을 보겠다. 집에서 나가 있는 동안은 정리해야 한다는 강박에서 쉽게 벗어나니까. 월 1회는 친구 OO를 만나겠다. OO는 청소를 정말 싫어해서 아주 가끔만

하는데, 이 친구 애기를 듣다 보면 '청소를 좀 덜해도 큰일 나지 않는구나' 하는 마음이 든다.)

지금부터 일주일 동안 다음을 기록해봅니다.
카르마를 끊고 긍정의 지점만 추출하는 훈련이에요.

오늘 하루 동안 당신에게 모습을 드러낸 '긍정의 지점'은 무엇이었나요? 그것은 어디에서 기원했나요?
(예: 긍정의 지점 – 둘째를 어린이집에 보내놓고 쉬고 싶었지만 강의를 두 개나 들었다.
기원 – 어릴 적 엄마는 쉴 새 없이 일했다. 내가 가만히 있으면 게으르다고 비난했다.)

그것은 당신에게 어떤 도움을 주었나요?

(예: 뭔가 생산적인 하루를 보냈다는 안도감을 주었다. 새로운 지식
도 쌓았다.)

만약 그것이 부정적으로 모습을 드러낸 하루였다면 당신은 그것을 통제하기 위해 어떤 노력을 기울였나요? 효과적이었나요? 구체적으로 써보세요.

(예: 1. 아이가 폰을 보며 드러누워 있는데 불안해져서 게으르다고 비난하고 말았다. 그것이 결국 예전에 엄마가 내게 했던 것임을 깨닫는 즉시, 아이에게 사과했지만 아이는 화가 안 풀렸다.

2. 몸이 안 좋아 누워 있었는데, 난 정말 쓸모없는 인간이란 생각이 들었다. 기분전환을 하려고 지인들이 사는 모습을 SNS로 봤는데, 나만 별볼일 없이 사는 것 같아 울고 말았다.)

효과적이지 않았다면 다음엔 어떤 시도를 해보고 싶은가요? 역시 구체적으로 써보세요.

(예: 1. 다음엔 '이 불안은 이제 버려도 좋은 오래된 습관이다'라고 먼저 자각하겠다. 그리고 아이 옆에 한번 같이 드러눕겠다. 그 나이 때 난 엄마가 뭘 해주길 바랐나? 생각해보고 그걸 아이뿐 아니라 나의 내면아이를 위해서 해주겠다.

2. 다음부턴 몸이 안 좋을 땐 감노트에 내가 얼마나 몸이 안 좋은지 묘사하겠다. 그렇게 몸 상태를 제대로 느끼고 안쓰럽게 여겨주겠다. "나에겐 휴식이 필요해. 오늘은 푹 쉴 거야. 난 그럴 자격이 충분해." 말로 쓰담쓰담 해주고 맛난 음식도 배달시켜주겠다.)

오늘 하루 동안 당신에게 모습을 드러낸 '긍정의 지점'은 무엇이
었나요? 그것은 어디에서 기원했나요?

그것은 당신에게 어떤 도움을 주었나요?

만약 그것이 부정적으로 모습을 드러낸 하루였다면 당신은 그것을 통제하기 위해 어떤 노력을 기울였나요? 효과적이었나요? 구체적으로 써보세요.

효과적이지 않았다면 다음엔 어떤 시도를 해보고 싶은가요? 역시 구체적으로 써보세요.

DAY 3

오늘 하루 동안 당신에게 모습을 드러낸 '긍정의 지점'은 무엇이었나요? 그것은 어디에서 기원했나요?

_____

_____

_____

_____

_____

그것은 당신에게 어떤 도움을 주었나요?

_____

_____

_____

_____

_____

_____

만약 그것이 부정적으로 모습을 드러낸 하루였다면 당신은 그것을 통제하기 위해 어떤 노력을 기울였나요? 효과적이었나요? 구체적으로 써보세요.

효과적이지 않았다면 다음엔 어떤 시도를 해보고 싶은가요? 역시 구체적으로 써보세요.

DAY 4

오늘 하루 동안 당신에게 모습을 드러낸 '긍정의 지점'은 무엇이었나요? 그것은 어디에서 기원했나요?

_____

_____

_____

_____

_____

_____

그것은 당신에게 어떤 도움을 주었나요?

_____

_____

_____

_____

_____

_____

_____

만약 그것이 부정적으로 모습을 드러낸 하루였다면 당신은 그것을 통제하기 위해 어떤 노력을 기울였나요? 효과적이었나요? 구체적으로 써보세요.

효과적이지 않았다면 다음엔 어떤 시도를 해보고 싶은가요? 역시 구체적으로 써보세요.

DAY 5

오늘 하루 동안 당신에게 모습을 드러낸 '긍정의 지점'은 무엇이었나요? 그것은 어디에서 기원했나요?

_____

_____

_____

_____

_____

그것은 당신에게 어떤 도움을 주었나요?

_____

_____

_____

_____

_____

_____

만약 그것이 부정적으로 모습을 드러낸 하루였다면 당신은 그것을 통제하기 위해 어떤 노력을 기울였나요? 효과적이었나요? 구체적으로 써보세요.

_____

_____

_____

_____

_____

효과적이지 않았다면 다음엔 어떤 시도를 해보고 싶은가요? 역시 구체적으로 써보세요.

_____

_____

_____

_____

_____

DAY 6

오늘 하루 동안 당신에게 모습을 드러낸 '긍정의 지점'은 무엇이

었나요? 그것은 어디에서 기원했나요?

_____

_____

_____

_____

_____

그것은 당신에게 어떤 도움을 주었나요?

_____

_____

_____

_____

_____

_____

만약 그것이 부정적으로 모습을 드러낸 하루였다면 당신은 그것을 통제하기 위해 어떤 노력을 기울였나요? 효과적이었나요? 구체적으로 써보세요.

효과적이지 않았다면 다음엔 어떤 시도를 해보고 싶은가요? 역시 구체적으로 써보세요.

일주일치 빈 칸을 모두 채웠나요?

장합니다.

카르마는 대번에 끊어지지 않지만

같은 방식으로 계속 연습하면 반드시 끊어집니다.

자신에게 믿음과 시간을 주세요.

오늘 잘 되지 않았더라도

내일 다시 믿음과 시간을 주세요.

꾸준한 연습으로 안 되는 것은 없습니다.

연금술사를 아시나요?

구리로 금을 만들어내는 사람.

연금술사가 따로 있는 게 아니에요.

상처와 결핍의 기억에서

긍정의 지점만 추출해내어

삶에 반짝이는 금으로 다시 심는

당신이 바로 연금술사입니다.

여기까지,

당신은 치유의 길에서

'긍정'의 세 번째 도장 깨기도 성공했어요.

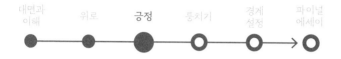

네 번째 도장 깨기에 도전합시다.

• 네 번째 도장. 퉁치기

어서 오세요.

여기서 할 일은

말 그대로 '퉁치는 것'입니다.

시작해볼까요?

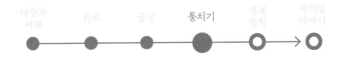

당신은 이미 긍정의 지점을 찾았어요.

지난 일주일 동안 당신이 적어둔 긍정의 지점들을

소리 내어 읽어보세요.

잠시 눈을 감으세요.

느껴보세요,

당신을 둘러싼 것들을.

생의 연금술사,

당신이 만들어낸 금덩이도 바라보세요.

자랑스럽게,

소중하게.

더는 과거에 붙들려 있을 필요가 없습니다.
당신은 금덩이를 누릴 자격이 있어요.
현재를 제대로 사랑하며
미래로 나아갈 거예요.

그동안 바꾸지 못할 과거에게
붙들려 낭비한 시간이 참 많습니다.
아깝습니다.

상처를 탁, 털어버립니다.
뒤돌아보지 않고
앞으로 나아갑니다.

뒤로, 뒤로, 상처가 멀어집니다.
점점 작아집니다.

자유함을 느껴보세요.
당신에게 속삭여주세요.

"이것으로 충분해."

"나는 이대로 참 괜찮아."

당신의 바위를 떠올려보세요.

지금 그(녀)가 보내는 하루를 그림처럼 그려보세요.

그(녀)는 그곳에 자신의 방식대로 존재합니다.

그(녀)가 일평생 그래왔듯이.

나의 하루를 그림처럼 그려보세요.

나는 이곳에 나의 방식대로 존재합니다.

그래야 합니다.

더는 그(녀)의 방식으로 존재할 필요가 없으니까요.

독립된 두 사람입니다.

서로 다른 삶을 살아가는 모습입니다.

평등합니다. 그래서 편안합니다.

앞으로도 그래야 함을 잘 알고 있습니다.

'퉁치기'를 잘해낸 두 사람의 노트를 볼까요?

◆ 고운이의 노트 ◆

처음엔 감노트에 원망의 말들만 적었다. 어떤 날은 자다가도 벌떡 일어나서 적었다. 엄마의 감정쓰레기통은 지금도 난데, 집과 돈은 오빠에게 갔다. 그러고도 엄마는 오빠와 새언니에게 불만이 생기면 나에게 와서 하소연한다. 바쁘다고 하면 나에겐 너밖에 없는데 안 들어주느냐고 한다.

감노트를 쓰는 동안 내가 딸에게 엄마처럼 말하고 있다는 것을 깨달았다. 충격이었다. 카르마를 끊기 위해 유년의 에피소드를 자세히 정리하면서 6주가 지난 지금, 엄마를 대충 미워하기만 했을 때보다 많은 감정들이 분명해졌다. 슬금슬금 엄마와 좋았던 순간들도 떠오른다. 엄마가 시금치를 무치다 내 입에 쏙 넣어주던 기억, 서랍을 열면 엄마가 빨고 삶고 개켜두었던 속옷들. 6주 동안 많이 울었다.

진실은 나쁜 기억과 좋은 기억 사이에 있을 것이다. 사람의 뇌는 부정적인 것을 더 잘 기억하도록 만들어졌다는 말을 들은 적 있다. 섭섭해하고 원망하는 건 힘들고 소모적인 일이다. 앞으로는 그럴 힘으로 차라리 '당신 감정은 알아서 처리하시라'고 말하는 사람이 되겠다. 또 좋은 기억이 떠오를

땐 '감사하다'고 말하는 사람이 되겠다. 퉁치기는 못 받은 사랑을 기어코 받아내야만 가능한 건 아니라고 했다. 내가 털어버릴 마음 준비가 되어 과거를 다르게 바라보면 되는 것이다.

◆ 세희의 노트 ◆

부모님은 새벽부터 밤까지 일만 하셨다. 배움이 적은 분들이라 할 수 있는 일은 거의 몸 노동이었다. 그 지친 얼굴과 땀 냄새. 우리 집에선 한 번도 크게 웃는 소리가 난 적이 없었던 것 같다. 제대로 된 대화도 없었던 것 같다. 그래서일까···. 나는 지금도 크게 웃지 않는다. 구김살 없이 유머를 구사하는 사람들을 보면 속으로 정말 부러워하면서 내가 저 유머를 제대로 이해했나 긴장도 한다. 그런 기분은 얼토당토않게 학창시절 몇 벌 안 되는 옷만 돌려 입던 기억으로 연결되어서, 내 옷차림이나 화장법이 촌스럽다는 열등감에 빠지기도 한다.

난 성적이 좋았지만 당연하다는 듯 2년제 대학을 갔다. 한 때는 내 가정환경이 원망스럽기도 했지만, 결국 부모님의 삶의 자세를 그대로 닮아버렸나 보다. 지금까지 10년 넘는 근속에 단 한 번 지각도 없다. 동료들도 어려울 땐 나를 찾는다. 그것이 피곤할 때도 있지만 이게 나의 존재가치를 만든다는 것을 부정할 수는 없다.

부모는 신이 아니다. 어떻게 다 주겠는가? 할 만큼 하셨다. 우리 부모님은 웃을 줄 모르셨지만 그 시절 많은 부모들처럼 나를 때리거나 욕하지 않으셨다. 나는 받은 것과 못 받은 것을 퉁칠 수 있다.

퉁치기를 하고 나니 부모님뿐 아니라 나 자신에게도 관대해진다. 나도 신이 아니다. 그 환경에서 이 정도 됐으면 노력 많이 한 거다. 유머 좀 이해 못 하면 어때? 옷차림이 좀 촌스러우면 어때? 남에게 피해를 주는 일도 아닌데? 퉁치기를 통해 내가 배운 것은 있는 그대로의 나 자신과 부모를 사랑하는 일이었다.

당신은 무엇으로 무엇을 퉁칠 수 있나요?

_____

_____

_____

_____

_____

_____

마지막으로 퉁치기 전에

바위였던 그(녀)에게 다가가 해줄 말이 있나요? 써보세요.

_____

_____

_____

_____

_____

_____

그(녀)에게 듣고 싶은 말이 있나요? 써보세요.

_____

_____

_____

_____

_____

_____

_____

당신 자신에게 다음과 같이 말해줄 수 있나요?

우리는 각자 자신의 방식대로 살아갈 거야.

나는 그(녀)의 삶의 방식을 존중할 거야.

그(녀)에게도 내 삶의 방식을 존중해달라고 요청할 거야.

어느 한쪽만 편한 것이 아닌,

둘 다가 편안한 지점을 찾아낼 거야.

그 지점에서 서로 원할 때 기쁘게 만날 거야.

모든 성인들의 관계가 응당 그래야 하듯이.

당신을 짓눌렀던 바위를

으라차차 밀어냅니다.

이로써 퉁치기가 되었다면 지금 느끼는 감정을 써보세요.

_____

_____

_____

_____

_____

_____

_____

_____

_____

_____

_____

_____

통치기를 해내신 걸
축하합니다.

만약 아직 통치기가 덜 되었다면 지금 느끼는 감정을 써보세요.

(예: 찜찜함, 죄책감, 미련, 원망)

이어서 다음 페이지도 완성하세요.

앞에 적은 감정이 오롯이 '나'의 것인지,

아니면 타인의 시선이 두려워 온 것인지 점검해보세요.

(예: 다른 사람들에게 '딸이 되어 가지고 어머니 신세 한탄도

못 들어드리나?'라는 비난을 들을 까 봐' 두려움을 느낀다.)

당신은 당신의 감정만을 처리할 수 있습니다.

타인의 시선을 의식해서 억지로 들고온 감정은 버리세요.

퉁치기는 반드시 '내 마음에서 우러난 것'일 때에만

효과가 있습니다.

만약 지금 느끼는 감정이 오롯이 당신 것이 아니라면,

여전히 바위의 행동에 내 감정이 좌지우지 된다면

(예: 엄마가 나를 비난할까봐 두렵다)

맨앞으로 돌아가세요.

1일 1묘사부터 다시 시도해봅니다.

이전에 썼던 글들을 고쳐 쓰는 것도 도움이 됩니다.

당신만의 속도로 충분한 연습시간을 가지세요.

◆ 현경이의 노트 ◆

할아버지에게 버림받다시피 한 한 많은 아빠도 자식들에게는 사랑을 주겠다고 노력하신 것들이 있다. 아빠의 사랑은 가족을 버리지 않는 것, 한눈팔지 않는 것, 굶기지 않는 것, 학교를 보내는 것, 때리지 않는 것이다. 나는 이런 것들을 받고 자랐기에 마음공부의 필요성을 인지할 수준이 되었고, 내 아이에게 풍부한 정서를 주고픈 욕망이 생겼을 것이다.

딸아이가 3살 때쯤 딸을 대하는 나의 모습을 보시고 아빠는 요즘 젊은 사람들 보면 아이를 저렇게 키울 수도 있구나 싶다며 자신을 돌이켜 보면 부끄러워진다고 말씀하셨다. 그땐 몰랐지만 이 말속에는 여러 가지 의미가 있다. 당신의 어린 시절의 슬픔과 그리움. 우리를 키울 때에 대한 아쉬움과 미안함. 이 한 마디로도 나는 퉁칠 수 있는데 참으로 오래 붙잡고 매달렸구나. 부모님을 한 인간으로 볼 수 있게 되자 나, 남편, 아이 모두가 고유한 존재로 느껴진다. 우린 다 각자다! 그러니 나는 나만 잘하면 된다! 마음이 가볍고 기쁘기까지 하다.

모두가 고유해지자 어색해하면서도 먼저 사랑한다고 말씀하시는 늙은 부모님에게 마음의 문을 닫고 있는 나도 보인다. 부모님을 향한 원망도 억울함도 사라지니 비로소 마음의 문이 열린다. 내가 가진 것에 대해 알지 못하고 살았던 삶은 참으로 힘들고 원망스러웠었는데…. 이젠 내가 가진 것들, 부모님이 내게 주고, 주려는 것들, 남편이 내게 주는 것을 알아볼 수 있을 것 같다.

• 다섯 번째 도장. 경계설정

'경계설정'으로 갑니다.

경계설정은 새롭게 세우는 울타리입니다.

나쁜 카르마를 끊어낸 '긍정'의 토대 위에,

이미 '퉁치기'하여 홀가분한 마음으로.

당신은 바위에서 빠져나와 원래의 부피와 생김을 되찾았어요.

바위를 저만치 굴려 보냈습니다.

이제 바위와 나 사이에 울타리를 세울 차례예요.

어디에 경계를 그을까요?

당신이 안전하다고 느끼는 곳에.

이쯤 떨어져 있으면 나의 고유한 감정들을

내가 온전히 보호할 수 있겠다 생각되는 곳에.

경계설정에는 두 가지가 있어요.

마음으로 하는 경계설정

행동으로 하는 경계설정

먼저, 마음으로 하는 경계설정부터 봅시다.

예를 들어볼게요.

주은_ 나의 원가정이 겪은 불안이 나의 잘못이 아니라는 것을 안다. 부모님의 불안한 삶이 결코 나의 문제가 아니라 그들의 결핍으로 인한 삶의 방황이었다는 것을 인정하고, 큰딸로서 내가 무엇을 했어야 한다는 자책감과 죄책감은 내려놓기로 한다. 아빠의 방황은 내 잘못이 아니다. 내가 창피할 것은 아니다. 아빠의 방황으로 인해 가장 괴로운 것은 아빠 자신일 것이다.

경제적 여유가 생겼음에도 아직 일을 놓지 못하는 엄마를 내 마음 편하고자 나의 방식대로 살기를 강요하지 않는다. 다만 엄마가 도움을 요청했을 때 언제든지 도움을 줄 수 있는 자리에 있도록 한다. 자식들에게 신세지지 않으려 힘을 내는 엄마의 선택을 인정한다.

주은이의 글에서 마음으로 하는 경계설정의 단어를 찾아 밑줄을 그어봅시다. '내려놓기로 한다', '강요하지 않는다', '인정한다' 등이 되겠죠?

진옥_ 내가 '엄마' 모델로 보아온 건 엄마 밖에 없다. 그러다 보니 엄마와 나를 동일시한 것 같다. 이제는 편하게 살아도 되는 엄마가 인생의 내리막길에서 여전히 엄마, 할머니, 외할머니 노릇을 하며 종일 동동거리는 것을 보니 답답하다. 왜 저러고 사나. 평생을 참고 살아온 엄마로서의 생이, 내내 참고 살아온 딸인 나의 미래일 것만 같아 더 암울하다. 내가 엄마에게 내는 짜증은 어쩌면 나에게 하고픈 이야기가 아닐까? 자신을 먼저 생각하시라고, 좀 이기적으로 사시라고, 이제 남들 배려는 좀 그만하시라고.

엄마는 엄마고, 나는 나다. 난 엄마가 살아온 상황과 다르고, 추구하는 바도 다르기에 엄마의 길을 답습하지 않을 것이다. 내 딸이 나처럼 책임감에 질식하지 않고, 자신을 충분히 아끼며 살아갈 수 있길 바란다. 나부터 그렇게 살아냄으로써 그 터전을 마련해주고 싶다.

진옥이의 글에서 마음으로 하는 경계설정의 단어를 찾아 밑줄을 그어봅시다. '나는 나다', '답습하지 않을 것이다', '나부터 그렇게 살아냄' 등이 있어요.

감 잡으셨지요?

마음으로 하는 경계설정은

경계설정의 최종적인 '목표'가 됩니다.

주은이의 경우, '아빠와 엄마의 삶을 인정한다.'
진옥이의 경우, '엄마와 나를 동일시하지 않는다.'

이렇게 목표를 잡을 수 있어요.

행동으로 하는 경계설정은 어떤 걸까요?
다음 예문에서 '행동으로 하는 경계설정'에 해당되는
단어에 밑줄을 그어보세요.

지영_ 엄마에게 조금은 감정적 거리를 두면서 책임을 다하겠다. 엄마의 행동을 '엄마는 그렇구나'라고 이해하고 받아들이겠다. 엄마가 내 의견을 받아들일 것을 기대하지 않겠다. 마찬가지로, 엄마가 나의 삶에 관여하는 부분은 한 귀로 듣고 한 귀로 흘리겠다. 그리고 엄마가 나이 들면서 자연스레 내게 다가올 돌봄은 혼자 책임지기보다 다른 가족들과 시스템을 이용하여 해결하겠다.

회사에서도 불안한 가정환경으로 비롯된 무기력함, 열등감에서 벗어나려는 시도를 해보려고 한다. 그동안은 나보다 앞서 나가는 사람들에게 긍정적인 면을 배우려고 하기보다는 지레 거리를 두었다. 열등의식을 갖지 않고 도움을 요청하는 용기를 가져보겠다. 내가 남들보다 부족하다는 것을 들키는 것은 나의 가정환경을 들키는 것처럼 느껴졌다. 쓰고 보니 이상한 논리이지만 내가 부족한 것은 원가정에서부터 잘못되었기 때문이라 생각했고, 그 허물을 들킬까 관계를 끊곤 했다. 이제부터는 내가 어떻게 해도 변하지 않을 과거에 집착하지 않겠다. 타인의 시선에 연연해하지도 않겠다. 새로 부임한 상사가 자기 자리를 지키기 위해 나에게 보내는 불신을 내 탓으로 여기지 않기로 했다. 열심을 증명하기 위해 새벽에 출근하여 가장 늦게 퇴근하는 일도 하지 않기로 했다.

감 잡으셨을 겁니다.
행동으로 하는 경계설정은 마음으로 세운 목표가
생활 속에서 구현되도록 실천하는 장치들입니다.
목표에 도달하는 데 필요한 구체적인 '방법'들이죠.
지영이의 경계설정을 정리해보겠습니다.

목표: 엄마는 엄마고 나는 나다.
방법:
1. 엄마의 행동을 '그렇구나' 이해하고 간섭하지 않는다.
2. 엄마의 조언이 간섭이 될 때는 한 귀로 듣고 한 귀로 흘린다.

3. 엄마의 노후건강은 다른 가족과 함께 다양한 시스템을 활용한다.

4. 원가정에서 기인한 열등감을 회사업무와 결부시키지 않는다.

　- 배울 것이 있는 사람들에겐 적극 도움을 요청한다.

　- 상사의 감정을 내게 가져오지 않는다.

　- 새벽에 출근하고 늦게 퇴근하지 않는다.

어떤가요?

예를 하나 더 들어볼게요.

영은_ 결혼 후 말투가 거칠고 목소리가 큰 시어머니에게 내 감정과 생각을 표현하는 데 어려움을 겪었다. 그때마다 나는 쉽게 내 마음을 닫아버리는 쪽을 택하곤 했다. 시어머니와의 관계에서 나에게 필요한 것은 '적절한 경계짓기'와 '나의 의견 드러내기'였다. 나는 불편하지만 의무적으로 해야 하는 안부전화를 최소화했다. 남편이 가끔씩 전화드릴 것을 나에게 요구했지만 듣지 않았다. 내 마음이 내키면 하고 내키지 않으면 하지 않았다.

시어머니와 경계를 짓고 나니, 이번에는 친정과의 과도한 친밀함이 걸렸다. 양가 똑같이 적정한 거리를 두는 것이 바람직하다고 생각하면서도 친정은 조손육아를 핑계로, 또 나의 마음의 편함을 따라 시댁과 불균형을 이뤘다. 나는 의존적이며 착한 딸로 살아온 편이었다.

항상 딸이 부르면 언제든 달려올 기세로 열려 있는 부모님이 나는 감사하면서도 부담스러웠다. 그러던 중 먼 곳으로 이사할 계기가 생겼다. 나는 지금 아이를 온전히 홀로 돌보는 것, 가사를 홀로 챙기는 것, 이 모든 것을 부모님 도움 없이 처음으로 혼자서 해내기 위해 고군분투하고 있다. 힘들기도 하지만 진작 했어야 할 일들을 지금에서라도 할 수 있어 다행이란 생각이 든다. 분명 지금의 시기를 지나면 부모님의 도움을 도움인지도 모른 채 받고 있던 이전의 나와는 다를 것이다.

영은이의 경계설정은 당신이 직접 정리해보세요.

목표: _____

방법:

   1. _____

   2. _____

   3. _____

   4. _____

《언니들의 마음공부_부모 편》를 보시면

각 사례마다 목표(마음)와 방법(행동)으로

경계설정을 정리해놓은 것을 보실 수 있을 거예요.

당신도 그렇게 적어보세요.

먼저 예시글들을 참고하여,

마음으로 하는 경계설정을 한 단락 자유롭게 써보세요.

위 단락에서 경계설정의 '목표(마음으로 하는 경계설정)'가 될 만한 문장을 골라 밑줄을 쳐봅니다. 현수막에 적힌 슬로건처럼 잘 읽히게 다듬어봅니다.

그 다음, 경계설정의 방법(행동으로 하는 경계설정)을 한 단락 자유롭게 적어보세요 예시글을 참고하되, 당신의 생활 속에서 실천 가능한 것들을 다방면으로 생각해봅니다. 특히 원가정과의 경계설정은 만남과 통화의 방식 및 횟수에서부터 경제적, 정서적 돌봄의 수준까지 매우 구체적으로 적어보시기 바랍니다.

_____

_____

_____

_____

_____

_____

_____

위 단락을 방법으로 정리하세요. 여러 가지를 적어도 좋습니다
만, 가장 절실한 것을 우선하여 순위를 매기세요. 다섯 칸을 만
들어두었지만 필요하면 칸을 더 만드시면 돼요.

1. _____

2. _____

3. _____

4. _____

5. _____

_____

_____

첫 한 달은 1~3번까지만 집중적으로 실천해봅니다.

한 가지라도 확실하게 실천하는 것이 중요합니다.

그 효과가 당신에게 자신감을 주면 다음 것을

실천하는 것은 어렵지 않으니까요.

새로운 경계를 설정하는 것은

새로운 삶의 방식을 시작하는 것과 같습니다.

시간을 들여, 점진적으로 해내는 것이 마땅하죠.

당연히 개인차도 있을 겁니다.

어떤 분은 1번 절차를 시작하는 것만으로도

옛 뿌리가 한꺼번에 뽑혀나가는 걸 경험할 거예요.

이 경우 도미노처럼 연쇄적으로 나머지를

실천할 수 있습니다.

어떤 분은 1번을 시작하는 데에도

거센 저항에 부딪힐 겁니다.

만약 그 '저항'이 당신 내부에서 올라온다면

당신은 아직 경계를 설정할 준비가 되지 않은 겁니다.

꼭 이번에 끝내야 하는 건 아니에요.

조금 더 시간을 가지고 제대로 된 마무리를 할 수 있도록

감노트의 앞부분으로 돌아가

다시 찬찬히 준비해보도록 합시다.

하지만 대부분의 경우,

더 큰 '저항'은 외부에서 옵니다.

부모님이 "누구 맘대로 새 울타리를 쳤냐?"고 반발하시죠.

그러므로 먼저 새 울타리를 치는 것과 동시에

이 변화를 부모님과 공유해야 합니다.

허락을 받는 것이 아니에요.

알려드리는 겁니다.

어떻게?

그 적절한 소통방법은 상황에 따라 다르겠지만

제가 일반적으로 권하는 것은 편지쓰기입니다.

바위 역할을 한 부모님도,

그 부모님 손에 자란 자식들도

비폭력적으로 대화할 줄 모르기 때문입니다.

대화가 엉뚱한 방향으로 흐르거나

상처를 다시 건드려 꽉 막혀버리기 쉽죠.

그래서 말보다 글, 편지가 효과적입니다.

편지를 쓸 때는

1. 시간을 가지고 공들여 필요한 말들을 챙기세요.

주로 다음 다섯 가지를 상세히 풀어내는 과정이 될 것입니다.

▸ 지금 나는 마음이 힘들어 치유하는 중이다.

▸ 부모님과의 관계에 어려움이 있음을 알게 되었다.

▸ 구체적인 에피소드는 다음과 같다. (78~117쪽에 정리한 에피소드를 참고하세요)

▸ 그래서 부모님께 내가 이런 감정을 가지고 있더라. (130~131쪽에서 '지구 위에서 본' 당신의 감정, 바위에게 하고 싶은 말을 참고하세요)

▸ 보다 지속가능한 관계로 재편성하여 기쁘게 만나고자 한다.

▸ 필요한 변화는 다음과 같다. (185~187쪽에서 정리한 경계설정 부분을 참고하세요)

▸ 협조를 부탁드린다.

2. 편지의 앞부분과 끝부분에는 감사의 마음을 전합니다. 상처의 순간들 외에 분명 좋은 순간들도 있었을 테니까요. 또 이 편지의 목적이 부모님께 새로운 상처를 드리는 것은 아니니까요.

3. 부모님의 반응은 다양한 형태로 나타날 겁니다. 침묵하시는 분, 사이비종교에 빠졌냐 하는 분, 5분 간격으로 전화하시는 분…. 부모님의 감정은 부모님의 것. 어떤 반응을 선택하든 그것은 부모님의 자유입니다. 존중해드리세요. 다만, 그때에 내가 할 일은 감정적으로 크게 동요하지 않으면서 울타리를 지키고, 그 안쪽을 돌보는 데 집중하는 겁니다.

만약 부모님의 반응에 당신의 감정이 휘둘린다면, 아직 편지를 쓸 준비가 되지 않은 거예요. 먼저 경계설정부터 단단히 한 뒤 천천히 쓸 것을 권해요.

4. 편지에 명시한 '필요한 변화'를 무시하고 계속 울타리 안으로 난입하시면, '편지를 다시 보아달라'는 말을 무한반복하는 것으로 답을 대신합니다.

5. 새 울타리를 존중하시면서 대화를 요청하시면 응합니다.

6. 울타리를 지속적으로 돌보면서, 서로의 삶을 존중하는 건강한 관계를 유지합니다.*

예시 글로는 《언니들의 마음공부_부모 편》 250-255쪽 '미영이의 편지'를 참고해주세요.

부모님께 편지를 전달한 날부터 기록을 시작합니다.

당신이 새로 설정한 경계에 대해
부모님께서 어떤 반응을 보이셨는지,
그에 따른 당신의 감정이 어떠했는지.

당신 손으로 원래 그랬어야 할 부모와 자식 간의 '편안한' 관계
를 만들기까지, 며칠이 걸릴 수도, 몇 년이 걸릴 수도 있습니다.
오래 걸릴수록 시간의 추이와 함께 일어난 변화의 과정을 손으
로 적고 눈으로 확인하는 것이 중요해집니다. 그래야 오래된 관
계의 관성에 도로 끌려가는 일 없이 꿋꿋하게 관계를 재편성할
수 있기 때문입니다.

기록할 만한 대화나 사건이 일어났을 때, 또는 그저 마음에 동
요가 생겼을 때 아래에 일지를 쓰세요.

___월 ___일

___월 ___일

___월 ___일

___월 ___일

부모님과 경계를 재설정하는 동안,

다른 영역(육아, 배우자나 친구와의 관계, 회사일 등)도

이 영향을 받아 변화가 생길 수 있습니다.

그렇다면 그것이 무엇인지,

그에 따른 감정 변화는 어떠했는지 함께 기록하세요.

_____ 월 _____ 일

_____ 월 _____ 일

___월 ___일

___월 ___일

___월 ___일

___월 ___일

부모님의 감정 펀칭백 역할을 했던 딸들은 때때로 이렇게 고백합니다. "경계설정을 통해 불편한 접촉을 줄이는 것까진 성공했는데, 이후 공허가 몰려왔어요." 자연스러운 일입니다. 감정의 큰 부분을 차지했던 대상을 비워냈으니까요. 그 자리에 새로 감정을 교류할 대상을 들여야 할 때입니다. 존중, 지지, 공감처럼 건전한 감정교류가 가능한 새로운 준거집단을 찾으세요. 그 안에서 공동체적 '관계'와 '활동'을 적극 도모하며 그때의 감정 변화도 기록하세요.

___월 ___일

___월 ___일

___월 ___일

당신이 성공적으로 경계를 설정했기를 바랍니다.

새 울타리가 당신을 편안하게 하기를 바랍니다.

당신이 경험한 모든 관계 중

가장 오래된 관계,

그래서 가장 변화시키기 어려웠던 관계를

주도적으로 변화시켜낸 것을

축하합니다.

감感노트

최종 목적지에서
확인하는 아름다움

● 여섯 번째 도장. 파이널 에세이

드디어 마지막 도장입니다!

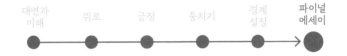

지금부터 한 페이지 분량으로 당신의 인생 서사를 써봅시다.

네, 딱 A4 한 페이지 분량의 에세이에요.

기승전결 네 단락으로 쓰되,

각 단락마다 네다섯 줄 정도면 충분해요.

당신의 인생을 지구 위에서 보면서

일대기를 요약하는 기분으로 쓰면 됩니다.

당신은 이미 다섯 개의 도장을 깨고

여기까지 왔어요.

원가정이 당신에게 끼친 영향을

선명해질 때까지 글로 쓰면서 통찰했죠.

그러므로 긴 글은 필요 없습니다.

앞에서 썼던 글들 중 핵심적인 내용을

군더더기 없이 총정리할 준비가 되어 있으니까요.

이 마무리 단계에선

그럴 수 있어야 해요.

다음 질문들에 각 한두 문장 분량으로

답을 써서 에세이 한 편을 완성하세요.

◦ **기:**

탄생. 나는 어떤 가정에서 태어났나?

(예: 1987년, 나는 대전의 중산층 가정에서 1남 1녀 중 막내로 태어

났다.)

부모의 간략한 성장과정

(예: 아빠는 가난한 집안의 장남이었고 엄마는 부잣집 막내딸이었다.)

부모의 성격, 직업, 양육방식

(예: 아빠는 사회성이 없어서 일찍 실직을 했고 엄마는 교사였다. 할

머니가 오빠와 나를 양육했고 가사도 맡았다.)

내가 탄생할 당시 집안 분위기

(예: 나를 낳자고 우긴 건 아빠였다. 아빠는 엄마가 조금이라도 늦게 퇴근하면 밥상을 엎었다.)

◦ 승:

유년기. 나의 타고난 기질은 어떠했나?

그 기질을 부모님은 어떤 방식으로 다뤘나?

그 방식에 나는 어떻게 반응했나?

형제자매는 부모와 나 사이에서 어떤 역할을 맡았나?

◦ 전:

청소년기. 나의 사회생활은 어떠했나?

집에서 나의 위치는? 주된 기대역할은?

학교에서 나의 위치는? 친구들 사이에서 주된 역할은?

다루기 어려운 감정은 어디서 어떻게 해소했나?

◦ **결:**

성인기. 나의 지금은 어떠한가?

부모의 보호에서 벗어나 새롭게 시작한 활동은 무엇인가?

부모와 편안한 관계를 유지하기 위해 어떤 경계를 설정했나?

지금 부모와 나는 서로의 삶의 방식을 어떻게 대하고 있나?

성인으로서 나는 나의 감정을 어떻게 마주하며 살아갈 것인가?

○ 기:

○ 승:

◦ 전:

◦ 결:

당신이 요약한 일대기를 소리 내어 읽어보세요.

지구 위에서 바라보세요.

어떤가요?

대면하고

이해하고

위로하고

긍정하고

퉁친 뒤

주체적으로 경계를 설정하며 살아가는

당신의 모습이 정확하게 담겼나요?

그 모습이 당신에게 아름답게 느껴지나요?

그렇다면, 박수!

지금 느끼는 소감을 자유롭게 적어보세요.

_____

_____

_____

_____

_____

첫 페이지에서 저는 이렇게 말씀 드렸어요.

당신은 오래된 상처에서 벗어날 수 있어요.
자신의 감정과 감각을 잘 돌보는 것만으로
삶을 주도적으로 꾸릴 수 있지요.
이미 당신에게 그럴 능력과 권리가 있습니다.
그것을 발견해서 사용하기만 하면 돼요.

이제 당신은 오래된 상처에서 벗어났어요.
자신의 감정과 감각을 돌보아주며
삶을 주도적으로 꾸립니다.

다만, '스스로' 하셔야 합니다.
'꾸준히' 하셔야 합니다.

네, 스스로 해냈습니다.
꾸준히 해냈어요.
여섯 개의 도장을 모두 깨고
성공적인 배낭여행자로서
최종 목적지에 도착했습니다.

• 다시 쓰는 한 줄 프로필

최종 목적지에는 어떤 아름다움이 있을까요?

확인할 차례죠?

다시 쓰는 한 줄 프로필이 그것입니다.

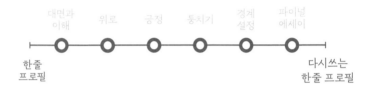

지금 당신은 어떤 식으로 존재하나요?

즉, 생에서 무엇을 마주하고 있으며

그것에 대해 어떤 자세를 취하고 있나요?

파이널 에세이를 소리 내어 읽어보세요.

특히 경계설정 부분의 '목표'와 '방법'을 크게 읽습니다.

그리고 지금 당신의 상태를 한 줄 프로필로 써보세요.

맨 처음 썼던 한 줄 프로필을 가져오세요. (14쪽)

새 프로필과 비교해보세요.

그 느낌을 글로 써보세요.

성장한 지점을 아낌없이 칭찬해주세요.

나가며

당신은 참으로 어려운 여행을 마쳤습니다.
제 경험상, 교통편도 정보도 거의 없고
말라리아까지 창궐한 아마존 밀림 한구석을
혼자 여행하는 것보다
'마음'을 혼자 여행하는 것이 더 어려웠거든요.
그 어려운 걸 끝까지 해내셨어요.

그러니 이제 당신은 지구 끝 머나먼 오지 한구석도
혼자서 여행하실 수 있을 겁니다.
못 다다를 곳이 없어요.

빈 칸으로 가득했던 감노트는
한 권의 가이드북이 되었습니다.
가장 오래된 상처를 당신 손으로 직접 치유하고
가장 오래된 관계를 재편성해낸 가이드북.
노트 한 권에 담긴 이 거대한 경험을 기준으로
앞으로, 언제 어디서 누가 당신의 생으로 들어오든지

두려움 없이 맞이하고 주체적으로 관계 맺을 수 있길 바랍니다.

상처를 주는 사람은 또 반드시 있고야 말겠지요.

아이, 배우자(연인), 친구, 동료 등 다양할 겁니다.

그때에도 멈춰서서 느끼고 행동하세요.

동서남북 네 방향에서 바라보고 글을 쓰며

지구 위에서 객관적으로 내려다본다면

반드시 현명하게 극복해낼 수 있을 겁니다.

감노트의 부제는

'나의 잃어버린 감정과 감각을 찾아서'예요.

이 땅의 여성들은 너무 오랫동안

마음속 감정을 감추고

몸의 감각을 억누르는 것을

'조신하다'는 미덕으로 강요받았어요.

미투 이후 조금씩 자신의 목소리를 찾아가는 중입니다.

저는 언젠가부터 자신의 목소리를 내는

여성들의 삶을 응원하며

그들 편에 서서 제가 먼저 알게 된 것들을 나누는 것을 글쓰기의 소명으로 삼았습니다.

《엄마의 20년》이 그 첫 책이었고

《언니들의 마음공부_부모 편》에 이어

지금은 네이버프리미엄컨텐츠 <그 언니의 방>에

남편과의 관계를 주체적으로 재편성하는 글

《빅유턴》을 연재하고 있어요.

더 많은 여성들이 억눌림 없이

외치고 도전하고 무리를 이끌기를,

그러한 자신을 실컷 사랑하며 살아가기를

간절히 소망합니다.

지칠 때마다 당신이 완성한 이 가이드북이,

여기 글을 써내려갔던 시간이

생의 나침반이 되어주리라 믿습니다.

스스로 돌보는 자신을 지닌 당신은

언제까지나 든든할 겁니다.

박수!

2022년 11월 오소희